氏族伝道講座

喜びと幸せの生活伝道

み言の原点に立ち返る

篠崎幸郎
Shinozaki Yukio

光言社

はじめに

神様、真の父母様が私たちに最も願われることは何でしょうか。それは伝道です。真のお父様は真理を探究され、栄光の神様ではなく、愛する子女を失って嘆き悲しまれる人類の親である神様と出会われました。そして神様の願いと心情を知って、神様を解放してさしあげるために生涯を捧げられました。

真のお父様は、血と汗と涙を流しながら救いの摂理を成され、勝利されました。ただし、愛する親族にみ言《ことば》を伝えることはできませんでした。それを祝福家庭が真の父母様の代身として成し遂げることを願われているのです。それが神氏族メシヤです。

私たちは、神氏族メシヤの勝利を目指して歩んでいますが、もう一度、私自身の信仰の原点を見つめ直す必要があるのではないでしょうか。私たちはみ言と出会うことによって、神様と出会い、真の父母様と出会いました。そして、真の父母様によって新しい命を与えられたのです。そのときの喜び、感動、感謝が、信仰の原点であったに違いありません。

今は天一国を実体的に実現していく時です。「家庭盟誓《カヂョンメンセ》」にあるように、天一国主人である祝福家庭が、天の父母様（神様）と真の父母様の代身家庭として、天の祝福を周辺に連結させていくのです。「ために生きる生活」を通して、自らの喜びと幸せを実体で証《あか》す時です。正に生活伝道です。

私は今日まで伝道を実践する中で感じたことを全国で講義してきました。その中で、改めてみ言がすべての根本であることを強く感じました。神様は原理によって創造されたのであり、復帰も原理によってなしてこられたのです。真の父母様も原理の道を歩まれました。そして、勝利の方法も、伝道の方法も、すべて語り尽くされているのです。さらに、祝福家庭をはじめ、すべての人類が学び、相続することができるよう、訓読の伝統を立ててくださったのです。

み言の原点に返る。それが伝道の、そして神氏族メシヤの勝利の鍵であると確信するものです。
本書は、『トゥデイズ・ワールド　ジャパン』に「伝道講座」として連載したものを改めて編集し整理したものです。皆様の神氏族メシヤ活動、伝道活動の一助になれば幸いです。

二〇一六年一月

著者

喜びと幸せの生活伝道――〈目次〉

第五章　み言に学ぶ伝道の秘訣《ひけつ》

第一章

原理のみ言《ことば》があなたに届くまで

一、メシヤの自覚と人類救済の道

お父様とイエス様の出会い

真のお父様は一九三五年四月十七日、十六歳（数え）のとき、イエス様から啓示を受けられました。二〇一二年七月十六日、真のお父様の最後の講演となった「アベル女性UN創設大会」の基調講演の前に突然、お父様は過去の秘密の話をされました。「私は小さいときから神様の声を聞いてきました。……神様が私を育ててきました。そういう人生を生きてきたのです。十六歳のときのイエス様との出会いは『**メシヤとしての召命ではなく、自覚であった**』」と、おっしゃったのです。

また、イエス様との意味深い霊的な一連の出会いについて、一九八二年十月の世界言論人会議で、次のように語られました。

「一言で言って、霊的な世界が突然、私の前に広がり、私は自由にその霊的な世界にいる聖者たちと思う存分通信することができたのです。北朝鮮の地の静かな山中で、私は幾度かイエス・キリストと直接対話を交わしました。神ご自身とも直接対話しました。その時に啓示された真理の内容が今、『統一原理』の核心になっているのです」（一九八二年十月五日）

そして、啓示を受けて決意された後、最初に悟ったことは、神様はキリスト教で言うように遠くで見守る方ではなく、共に相撲をするような近い方であられるということでした。

「神に出会ってみた時、その神は栄光の神にあらずして、ユートピアを地上に実現するために、嘆かわしい、痛ましい心を持っておられる父母としての神であられ、またその神は、天道を明らかにされ、万物を胸に抱く真理と愛の光の神でありました。

神のこの限りない愛に接した時、悟ったのは、神と人間と宇宙の関係を人間に明らかに知らせるために、神が深く抱いておられた深奥なる思想でありました。この思想を見る時、世界のすべての問題は完璧に分かり、直ちにユートピアが実現し得るということが証明されたのであります。この思想が、正に『統一思想』であって、私が今、世界的に展開している統一運動の基本理念となっているのであります」（一九八三年十二月）

「原理」の解明

お父様が神様に談判祈祷しながら、真理の奥義は何かと尋ね求めていくと、**天理の中心は「父子関係」である**という事実が迫ってきたというのです。そして神様の苦痛と恨《ハン》を解放しない限り、人類の苦痛と恨を解放することはできないと悟るようになられました。お父様は、どうすれば子女が親なる神様を解放していくことができるのかを祈り求めていかれました。「親は子供の出世を願う」、「神様は人間をご自身以上に誇りたい」……。そのような**神様と人間を結ぶものは何か？**　そうして発見されたのが**「人間の責任分担」**でした。

また、解明するのが難しかったのが、「なぜ神様は人間始祖の堕落行為に干渉されなかったのか」ということです。人間始祖アダムが堕落してみ言を失ったので、真理の探求において、神様が教えたら、蕩減《とうげん》にはなりません。第三アダムが自ら解明しなければならなかったのです。それはどれほど困難だったことでしょうか。

お父様はその責任分担を果たすため、サタンとの血みどろの闘いに勝利し、ようやく「原理」を解明しました。そして、「これが真理です」と神様に提示されたのです。ところが、聖人たちはそれを否定し、神様までも否定されたのです。

お父様は天からも否定される立場においても、「原理」に対する確信をさらに深め、「これしかない！」と愛の執念を持って神様の前に再度捧げられました。そのとき、サタンが「おまえのような奴は六千年間、一度も現れなかった」と屈伏し、離れたのです。

神様は勝利されたお父様を訪ね、抱かれました。そのとき、神様の愛が骨の髄まで浸み込んできて、お父様はご自分の性格までも変わったと言われるのです。

史吉子《サキルヂャ》先生（三十六家庭）がお父様に、「原理」について質問されたことがあります。すると、お父様は、「『原理』を本当に分かっているのは神様とサタンと先生しかないよ。本来、自分を意識しないように創造されているのが愛の法則である。しかし堕落は自分を顧みたことから起こった。邪心すなわち自己中心の思いが堕落の中心であった。もしアダムが絶対信仰を持っていたなら堕落することはなかった」と、お答えになったのです。

自己否定の道を歩まれたお父様

人間は責任分担を果たせずに堕落したので、神様の元に帰るためには責任分担を果たさなければなりません。蕩減復帰の道をたどらなければならないのです。そこでお父様は、「神様に帰る道は自己否定の道しかない」と、悟られたというのです。ですからお父様は徹底した自己否定の訓練をされました。自己否定の道こそ、神様の最大の作戦です。私たちも邪心、自己中心の思いを完全に捨ててこそ、神様に出会うことができるのです。

お父様のみ言を紹介します。

「ある時には、一人なりに神に対して逆らったことがあるのです。一人の男として生まれて、こういうような天地の秘密の内容を暴露することによって、世界は動揺し、自分の一生がメチャクチャになる。この道以外におさめる道はないのですか、と何回も拒否した立場がある。しかし神は、『君が責任を持たなければ、誰かがしなければならない』と。それで奮起して……、戦いを続けていかなければならない、そういう立場に立っている。どうして落胆するでありましょう。『雄々しく、尊く、目的に向かって、神のために進んでいこう』。その決意は、日が変わろうとも、年が変わろうとも、頭の毛が白くなろうとも、その心情は、変わりません」（一九七五年二月十三日）

「先生が生来の実力を伸ばして世俗的な分野に応用していったなら、偉大な実業家にでも、大政治家にでもなれるし、様々な分野で大いなる名声と尊敬を勝ち得る人物になれるでしょう。しかしそれだけの能力や実力を持っていながら、そういう方向には行かなかった先生です。そして、生涯において、先生より多く涙を流した者がいるでしょうか。苦難の道は避けられないものではなかったのですが、神のために、無条件に、涙の道を選びました。人々から尊敬と賛美を受けつつ歓迎される道もありました。しかし先生は、神ご自身がそういう立場におられないことをよく知っていたのです」（一九七七年五月一日）

　このようにお父様は不変の決意をもって、人類解放の道という自己否定の道を選択されました。そして命を懸けて探求された「原理」を、何の条件も準備もない者に、さらに迫害さえする者に与えようとされるお父様なのです。

二、『原理講論』のできるまで

『原理講論』は劉《ユ》孝《ヒョー》元《ウォン》（三十六家庭・韓国初代協会長）先生が、真のお父様のご指導を受け、全身全霊を懸けてまとめたものです。約三年間、朝から晩まで、自分の部屋もなく、ご飯もろくに食べられない貧しく苦しい環境で耐え忍びながらまとめられました。正に血を絞るごとく、自分の頭脳を完全に燃やして生まれたのです。そして劉孝元先生は三年八か月間、一日十八時間、原理講義をされたのです。

「原理」の力による蘇生

『原理講論』の冒頭に、「人間は何人《なんぴと》といえども、不幸を退けて幸福を追い求め、それを得ようともがいている。個人のささいな出来事から、歴史を左右する重大な問題に至るまで、すべては結局のところ、等しく、幸福になろうとする生《せい》の表現にほかならないのである」とあります。

さらに総序の最後には、「暗い道をさまよい歩いてきた数多くの生命が、世界の至る所でこの真理の光を浴び、蘇生していく姿を見るたびごとに、感激の涙を禁ずることができない。いちはやくこの光が、全世界に満ちあふれんことを祈ってやまないものである」とあります。

このように、原理のみ言によって人は生まれ変わり、幸福になることができるのです。

「原理」の力について、真のお父様は次のように語っておられます。

「原理には、神の直接の啓示にはるかに勝って、人間を指導し、つくり変える偉大な力があるので、原理を知ること自体が、啓示や高い良心基準の役割を果たしたのです。……とにかく何のゆえにか、幸運にも、たまたま先生と巡り会ったことによって、あなた方の上に大きな変化が起こり、あなた方は急に献身的な信仰生活を送るようになったのですが、それも原理の力によって、あなた方の心の中に何か奇跡的な内的変化がもたらされたからこそ、喜んで献身生活のできる人間に変えられたのだといえます」（『祝福家庭と理想天国（Ⅱ）』六〇八ページ）

伝道は人の心に変化をもたらす奇跡です。それは「原理」の力によってのみ可能なのです。

劉孝元先生の苦悩と探究の道

劉孝元先生は真のお父様と同じ定州《チョンヂュ》出身です。そして京城帝国大学（ソウル大学の前身）医学部に数学満点で入学しました。この学校始まって以来の出来事に、「定州に天才が現れた」

と言われ、「こんな田舎《いなか》の中学校でも彼のように努力すれば京城帝国大学という立派な大学に入ることができる」という学校の教訓になったというのです。

しかし六年間の医学部をあと二年で修了という頃、突然、脊椎《せきつい》カリエスにかかりました。誇り高い、希望に満ちた青年であった劉孝元先生は、希望と夢を遮られ、自殺まで考えたといいます。しかし、信仰深いお母さんの涙の祈祷のゆえに、それはできませんでした。

劉孝元先生は善と悪の問題に悩み、聖書に真理があるのではないかと、ラテン語を八カ月で習得してカトリック聖書を原本で読みました。それでも真理を見つけることができず、慟《どう》哭《こく》し、悲しみ嘆きながら生きたのです。そして四十歳（数え）を過ぎた一九五三年に「原理」に出会ったのです。

最初に入教したのは劉孝元先生の親戚である梁允永《ヤンユニヨン》先生の妹さんでした。その人が「私の親戚にとても信仰深い者がいます。彼は病床の身ですが、とても熱心に聖書研究をしているので一度訪ねてください」と願い、ある婦人と二人で劉孝元先生を訪ねました。そして劉孝元先生の部屋に入るや否や祈り始めたのです。

劉孝元先生は、それまで人間的な同情は癪《しゃく》に障ると思っていましたが、その祈りが終わった時にこみ上げてくる思いにきまりが悪くなるほど泣いたのです。そして劉孝元先生は、「あなたたちは何か真理を持っているのではないですか？　話してくれませんか」と熱心に願いました。しかし婦人はみ言をぽつぽつと話すだけなので理解できません。興味を持った劉孝元先生が釜山《プサン》教会を訪ね、「何か、その先生が書かれた本はないのですか？」と尋ねると、釜山教会の信徒が大切そうに持ってきて貸し与えたのが、真のお父様が釜山で書かれた『原理原本』でした。

『原理原本』は科学的な表現が多く、非常に難しい内容です。普通の人なら深く理解するのは困難です。しかし、劉孝元先生は一気に読んで感動し、そのうれしさで『原理原本』を抱いて泣いたそうです。

劉孝元先生はその思いを真のお父様に手紙で伝えました。それは、「一片丹心、私は生涯あなたに付き従っていきます」という切実な思いを込めた内容でした。お父様はその手紙を読んで感動されたのですが、同時に、今までつながったものの、やがて離れていった食口《シック》たちのことを思い、この人は神様と私に永遠に付いてくるだろうかと案じたのでした。そのような深刻な思いで劉孝元先生と会われたのです。

しかし二人が会った時、もうお互いを紹介し合う必要もなく、すぐに原理講義が始まったのです。

真のお父様の原理講義

劉孝元先生をはじめ兄弟、親族が十人ぐらい集まり、真のお父様による原理講義が始まりました。その講義は、創造原理を語られているかと思うと、復帰原理になったり、堕落論からいきなり復活論に飛んだり、聞く者の心霊に合わせてあちこちに移りました。

お父様は講義に熱中してトイレにも行かれず、一人でも食口がいれば語り続けられるので、みなトイレに行きたくても我慢しなければなりませんでした。そこで、トイレに行くときは周りに合図をしました。「おまえも、おまえも行きたいだろう。一緒に行こう。よ～い、ドン！」と。そして全員が終わるのを待って一緒に戻ってきました。お父様のみ言を逃さないように、トイレに行くのも組織的に行ったというのです。

このように朝から晩まで二十一日間講義が行われました。お父様のみ言は神様から頂いた真理であり、霊界の内容まで飛び出してくるので、大体は分かっても、細かい部分は理解できません。劉孝元先生は自分が確実に理解できるまで「これはこうですか？　こうではないですか？」と、質問し続けました。まるで劉孝元先生一人のための特別原理修練会のようになりました。

劉孝元先生にとっては生涯を懸けて探し求めてきた真理であり、待ちに待った先生との出会いです。正に砂漠の中のオアシスで水を飲むごとく、一言もこぼさずに吸収しようと、一生懸命に学びました。お父様はこの二十一日間で、劉孝元先生を原理講師として完全に立てるために投入されたのです。

劉孝元先生の原理講義

二十一日が終わると、「あなたが原理講義をしなさい」と、お父様から言われました。そして三年八カ月の間、劉孝元先生は一日も休まず毎日十八時間、原理講義をされました。二日間で一通りの講義をしたのです。対象者がいないときも講義をして精誠を尽くされました。

お父様がいらっしゃれば、劉孝元先生はもっとお父様が気に入られる講義をしようと、声を張り上げて熱心に講義をしました。

劉孝元先生は片方の足が不自由でしたが、痛いのも忘れて行ったり来たりして歩き回り、黒板に字を書いては消して、汗と涙を流しながら語り続けました。その講義ぶりは、前に一人が座っているだけでも、百万の大軍の指揮官のように汗と涙を流す、情熱的で感動的なものでした。居眠りしている人がいれば、「今死ぬか生きるかの瞬間なのに、居眠りするとは何事だ！」と激しい剣幕で怒鳴ったのです。

その時の真剣で熱心な講義を受けた先輩は、「あの時が懐かしい。天宙がひっくり返るようで、とにかくあっけにとられて、いつの間に自分が教会に入ったのか、自分でもよく分からない」と言います。講義を聴いた者は食口にならざるをえない雰囲気だったのです。劉孝元先生のこのような姿に、当時迫害を受け続けておられたお父様はどれほど励まされ慰められたことでしょう。

劉孝元先生は、独立運動に身を投じた先祖がいる、三代のクリスチャンの家系です。正にメシヤを証《あか》す「洗礼ヨハネの立場」であり、人々を神様の救いに導く「祭司長の立場」でした。

真のお父様は劉孝元先生が聖和《ソンファ》された後、「あなたがたは、私たちがどれほど深い因縁で結び合っているのか知らないだろう」、「迫害の中、どうすることもできなくて、二人で抱き合って慟哭した。だから今もそういう思い出を一日も忘れることはできない」としみじみ語られました。

私たちもどんな迫害があろうとも「原理」を誇り、劉孝元先生のように「原理」を情熱的に語り、人々の魂を蘇生させていきましょう。

『原理講論』の価値

『原理講論』は体系的に編集されています。もし、講師が自分のタイプに合わせて自分なりに講義をすると、創造原理と堕落論と復帰原理が混ぜこぜになってしまいます。ですから、劉孝元先生は、「マスターしてしまったなら自分のスタイルに変えてもいいが、それまではこれを骨として完全に理解するまで、このとおりに講義しなさい」と指導されました。そして自身も『原理講論』のとおりに講義されたのです。

劉孝元先生は、「『原理』は全世界に長らく伝えなければなりません。ですから、自分が完全に理解できていなければ、どうして自信を持って講論を書くことができるでしょうか。それで先生の『原理』を完全に自分がつかむまで、自分の意見を述べて確認したのです」と語られました。自分が理解できるまで、お父様と何時間でも討論し、一つ一つ確認を受けたのです。

劉孝元先生は「原理」をノートに一冊書くごとに涙を数百回流したといいます。「原理」に接する時には、その「原理」の前に恍惚《こうこつ》となり、涙なしには記録することができなかったのです。そのような背景を持って『原理講論』はまとめられました。

お父様は、「この膨大な『原理』をこのように理論化し、体系化させた劉協会長の頭はすごいものだ」と称賛されました。

私たちは、この『原理講論』ができるまでのエピソードを通して、真のお父様が「原理」のみ言をもって人類を導き生かそうとされた熱い願いにもう一度立ち返らなければなりません。そして自らの心情を爆発させて、み言を誇り、自信と確信を持って爆発的伝道をしていきましょう。

三、『原理講論』に基づいた原理大修練会

一九六七年六月十二日、真の父母様と真の子女様をはじめ、韓国の九人の先生方が来日されました。このとき、真のお母様と子女様が初めてご一緒に来日されたのです。

この年は第一次七年路程の最後の年であり、韓国において第一次七年路程の最後の決着をつけなければならない重要な時でした。しかし、日本をエバ国として立てるために、真の父母様は二か月間も日本に滞在し、指導してくださったのです。そして、六月十七日から六月三十日までの二週間にわたって、『原理講論』に基づいた原理大修練会が教会本部で開催され、日本の責任者百五人が参加しました。

講義に臨まれる劉孝元先生

開講式で真のお父様は劉孝元先生を次のように証《あか》されました。

「この人に関してひとこと言いたいことは、……再臨主の前に、復帰されたアダムの基準を自分一人で完遂するような基準を立てさせなければ、新しい復帰のいわゆる完成基準が出発されない……そういう基準を天のほうから立たせんがために……不具なその身ぶりをもって毎日十時間以上の講義を続けて、三年八カ月……これを成し遂げたということは、天と共に、先生自身も心から感謝するんであります」（『日本統一運動史』二四六ページ）

劉孝元先生は講義に先立って、「私の親と親族は、日本の官憲によって殺害されました。それゆえ、日本語は死んでも話さないと決意してきたのです。そのため、日本語で講義するに当たり、言葉がスムーズに出ないのではないかと思っています。大先生から『怨讐《おんしゅう》を愛せよ』と学び、今こうして皆様の前に立って、恨みの心が湧いてこないことをうれしく思います」（『ファミリー』一九九九年七月号）と、自らが真のお父様のみ言と「原理」によって生み変えられたことを証されました。**「原理」はこのように怨讐関係をも超える真理なのです。**

劉孝元先生の講義は黒板をあまり使わず、冗談も例え話もありませんでした。しかし、淡々とした口調で語り続ける講義には生命力があふれていたのです。まるで『原理講論』を暗記しているかのようだったと、当時参加した先輩は語っています。

「原理」を学ぶ姿勢

また、真のお父様は「原理」を学ぶ姿勢について、次のように語られました。

「この『原理』を研究するにおきまして重大なことは、これがただ勉強するという観念でここに参席してはいけない。……その『原理』を探すための立場を君たちが先に立っておるという観念ですね。この人間の重大な問題を解決せんがために非常に悩みに悩んで、どうにもこうにもできない、その泣くような立場に立って、こういう重大な問題を天から、あるいは君たちの祈りから、その解決される、その瞬間に臨席するというような気持ちが何よりも必要である。そういう基準が、自分の悩みの涙の中でこれを解決した時のその喜び、天に対しての感謝、自分ながらの嬉《うれ》しさを感じるような、その気持ちを原理講義の中で、いかに体験するかということが何よりも重大な問題である」(『日本統一運動史』二四六—二四七ページ)

このように「原理」は私自身が探し求め、解決すべきみ言なのです。私たちがみ言を聞くとき、せっかく神様が自分に語っていらっしゃるにもかかわらず、「これはあの人が聞くべ

修練生たちに親しくみ言を語られる真のお父様

きだ」と、み言を人に当てはめる人がいます。まず、自らがどのようにみ言を迎えるのか、その姿勢が一番重要です。**最初にみ言で伝道しなければならないのは、正に自分自身なのです。**

原理のみ言と生活の一致化

大修練会前日の六月十六日、真のお父様は東京地区和動会で、蕩減条件について語られました。

「日本の食口たちの生活とか、今までみ旨に対しての、その態度をずーっと見て、先生が考えているのは、蕩減条件が現実におきまして、自分と関係を結んで生活をしている人たちが多くない。そういう関係をいかにしてこれを生活圏内において結ぶか。蕩滅条件がいかに、その効果をきたしているかということは、それは実に問題である」（同、二四四ページ）

真のお父様は「**生活基準における原理との一致化**」すなわち**蕩滅条件に結びつく「原理」の生活化の重要性**を強調されたのです。

「統一教会（現・世界平和統一家庭連合）の兄姉たちをずっと見ればね、現実においての蕩滅条件ということを痛切に感じる人は、そう多くないと思うんだね。なぜかというと、日本においては社会状態や歴史の背後が、仏教とか、神道とか、そういう関係を持っているから、キリスト教と言えば、何か隔たるような感情を持っている。生活感情に一致しないんだね。……蕩滅条件というのは……適当に決めてやったらいいじゃないか、蕩滅条件になるじゃないか、……そうはいかない。……それは君たちの意見であって、意見が蕩滅の事実にはなれないんだね。蕩滅の事実は、いわゆる歴史を通した事実であるから、その事実はどこを中心として始まったかというと、それは聖書を中心としてである。……聖書を無視して方便的にやったら、これはとんでもないことになってしまう。……

方便はいい。しかし、方便を主目的としたらどうなるか、……蕩滅条件は……一対一でなければ完全蕩滅はできないよ。……それを放りっぱなしにして、適当に自分のいいままにして蕩滅条件になれるという、そうはいかない。そういうふうだと、サタンが讒訴《ざんそ》する。……逃げっぱなしで、方便でそれをやりながら、それが蕩滅になりますか？　……真理は方便じゃない。……神は善のほうに立っての善なる方便は許すが、悪に立ち得る方便は絶対許さない」（同、二四七―二四八ページ）

さらに、伝道する際に起こる迫害について語られました。

「訪問すると最初にはブツブツ、統一教会だとか、異端者だとか、いろいろ悪口を言うかもしれない。あるいは門前払いするかもしれない。それが楽しいよ、それが。それが我々の楽しみである。それが笑いの種である。……それは信仰者の肥料になる」（同、二四八ページ）

このように**「善の立場で打たれる」、これこそが伝道の神髄です。**たとえ迫害が起きたとしても、はっきりと自らの信仰を証すことによって、自分を強くすることができます。**真の父母様を誇り、「原理」を誇って、堂々と証し伝道をしていくならば、必ず勝利できるのです。**

伝道についての明確な方策

六月十二日の真の父母様一行歓迎会で真のお父様は、「アベルの使命は何かというと、カインを解放することである。……アベルを立たせたのはカインを救わんがためである。救うには神から受けたその愛をそのままそっくりカインの方によこしてやるとともに、自分の愛情を重ねて、合わせてよこさなければならない」(『日本統一運動史』二四二ページ)と語られました。

また、大修練会の終了時には、「今までの統一教会の聖徒たちは過去のいわゆる霊人たち、現在の自分の国家に属するその人たち、それから自分の後孫に対する責任、それを考えていないんだね。しかし、我々はこういう方面に格別なる関心を持たなければならない」(同、二五二ページ)と語られています。

私たちは**氏族に対してアベルの立場**であり、**歴史と血統を懸けた氏族の父母**としての「神氏族メシヤ」なのです。

真のお父様は、「あなた方には何事につけ、あまりにも理屈で考えすぎる傾向があるようです。先生の指示に対しても無条件に反応するというより、『従うべきかどうか』と考えてしまうというのです」(『祝福家庭と理想天国(Ⅱ)』六〇八ページ)と語られています。「あでもない、こうでもない」と考える前に、まずみ言どおりに実践してみましょう。

お父様が初めて『原理講論』を日本に紹介してくださった時の心情の原点に返り、悟りつつ、伝道に邁進《まいしん》していきましょう。

第二章　主と出会った者の行くべき道

一、召命と責任

神氏族メシヤとして立てられた背景

私たちは天宙史に一度しかない再臨時代に真の父母様に出会い、貴い祝福の恵みにあずかって人生を歩んでいます。では、なぜこのような人生を迎えることができたのでしょうか？私たちが神氏族メシヤとして立てられるに至った背景を考えてみましょう。

『原理講論』の予定論を見ると、人間に対する予定は絶対的ではないとあります。それは人間自身が責任分担を果たしてこそ初めて神様が予定された人物になることができるからです。

神様の救いの摂理の目的は、人間始祖の堕落によってつくられた罪悪世界を、創造目的を完成した地上天国に完全に復帰することです。救いの摂理は再創造の摂理であり、それは一気に成し遂げられるのではありません。一から始まって、次第に全体に広まっていくのです。ですから神様の救いの摂理においては、まず中心人物になりうる人物を予定して召命されるのです。

召命された中心人物がどのような条件を備えているかは、以下のように説明されています。

「彼はまず、復帰摂理を担当した**選民の一人**として生まれなければならない。同じ選民の中でも、**善なる功績が多い祖先の子孫**でなければならない。

同じ程度に善の功績が多い祖先の子孫であっても、その個体が**み旨を成就するのに必要な天稟《てんびん》を先天的にもつ**べきであり、また、同じく天稟をもった人間であっても、このための後**天的な条件がみな具備され**ていなければならない。

さらに、後天的な条件までが同じく具備された人物の中でも、**より天が必要とする時機と場所に適合する**個体を先に選ばれるのである」(『原理講論』二四六ページ)

真のお父様は、私たちの立場について、次のように語っておられます。

「皆さん自身はさして功績がありませんが、皆さんの背後には今まで歴史上に生まれては逝った先祖たちの功績の土台があり、皆さんは知りませんが、数多くの氏族の中でも皆さんの先祖たちが積み上げた功績が多いので、この功績が積まれに積まれて、その結実として生まれた群れが皆さん自身であったことを知らなければなりません」(一九六九年一月二十六日、韓国・

前本部教会）

「皆さんが、運があってそうなのか、福があってそうなのかは分かりませんが、このようにしてこの時代に生を受けてこの一時に会い、統一教会に入ってきました。統一教会にどのように入ってきましたか。皆さんをこの場に入るようにするまでには、数多くの先祖たちが精誠を捧《ささ》げに捧げました。数多くの人たちが滅び、善が踏まれる場で死んでいきましたが、その千人、万人の因縁を経て、回りに回って、その因縁が天につながって、日が昇る高い山のような立場に立ったために、そこで日の光を眺めて集まった人たちが皆さんなのです」（八大教材教本『天聖経』二三一ページ）

真のお父様は、日本をエバの国、母の国として選んでくださいました。そして私たちは日本の中でも、多くの先祖の善の功績の上に生まれ、先天的天稟と後天的条件が備えられ、神様が必要とした摂理的な時と場所に適《かな》っていたので選ばれたのです。

なぜ私を先に選ばれたのか

先に挙げた『原理講論』の予定論の最後の記述を注意して見ると、「その個体を先に選ばれるのである」とあります。「先に」とは、後があるということです。神様は私たちを召命するに当たって、後に来る人を想定しているというのです。私たちがその人々を復帰できると確信を持っているからこそ、神様は私たちを先に召命しているのです。

聖書の中のアダム家庭における献祭について、「主《しゅ》はアベルとその供え物とを顧みられた。しかしカインとその供え物とは顧みられなかった」(創世記四章4―5節)とあります。憤るカインに対して、神様は、「なぜあなたは憤るのですか、なぜ顔を伏せるのですか。正しい事をしているのでしたら、顔をあげたらよいでしょう。もし正しい事をしていないのでしたら、罪が門口に待ち伏せています。それはあなたを慕い求めますが、あなたはそれを治めなければなりません」(創世記四章6―7節)と語り掛けています。

神様はアベルの供え物を取りながらも、カインの心に関心を持たれていたのです。

神氏族メシヤとして立てられた私たちにとって、後の人とは誰でしょうか? それは夫、妻、両親、子供といった家族をはじめとするアベル圏の氏族、そして友人・知人をはじめとした地域社会のカイン圏の氏族です。神様はこのような氏族圏の復帰をどれほど心待ちにしていらっしゃることでしょう。

それでは神様は、私をなぜ先にアベルとして選ぶことができたのでしょうか。サタンはこの世で社会的基盤を持った実力者であるカインを手放したくありません。だからといって、私たちが能力のない愚か者ということではありません。神様の心情に通じる孝行心を持った善なる群れなのです。**神様はそれぞれの氏族、家系を復帰するために「私」を召命されたのです。**

我々の姿勢と責任

アベルはカインから憎まれて殺害されてしまいました。神様から愛されるアベルに対して、カインはそれほど愛の減少感を感じたのです。アベルはあふれるほどの愛を神様から注がれていました。そこには、神様の前にアベルが中心人物として立つことのできる何らかの背景があったはずです。召命された**私たちも、信仰基台を復帰する中心人物になるためには、天が認めうる信仰の基準、従順の基準、愛の基準といった内的な実績が必要です。**

清平役事《チョンピョンやくじ》十九周年記念特別大役事で紹介された神様のみ言《ことば》からアベルとしての姿勢を学ぶことができます。

「すべてにおいて偽りのない事実のままに行いなさい……すべての食口《シック》を愛しなさい。愛で包み、愛で保護してあげなさい。見返りを求めない犠牲と奉仕の心で行いなさい……昼夜を問わず一生懸命に行いなさい。そうすれば役事は私が行う」（『トゥデイズ・ワールド ジャパン』二〇一四年陽暦三月十日号二四ページ）

伝道の主体は神様なのです。真の愛で精誠を尽くせば、その基台の上に神様が役事されるのです。

真のお母様は「祝福」という言葉が人類の前に現れたことが奇跡だと語られています。そして、この「祝福」を真のお父様が生涯を懸けて全世界に広げてこられたにもかかわらず、いまだに七十億人類が知らずにいることを嘆かれ、この時を逃してはいけないと訴えておられます。

今は、六千年間、天と地が待ちに待った希望の実体である真の父母様と共に生きる時代です。真のお母様は、私たちが責任を果たし、真の父母様の願いをこの時代に成し遂げるために、環境創造をなし、社会や世界から尊敬を受ける者となり、いまだに真の父母様を知らない多くの人を教育し、祝福の実を結ぶように語られました。

氏族的メシヤとして召命された私たちの使命は、アベル圏の氏族とカイン圏の氏族を救うことです。祝福は私たちだけが受けるものではなく、氏族、民族、国家、世界へと広げ、七十億人類が受けるものです。

氏族的メシヤが宣布されたのは一九九一年です。もう何年もたったでしょう。時は刻一刻と過ぎ去っていきます。献身的に信仰生活を出発した青年は、まず故郷の両親を伝道しましょう。壮年婦人として復帰された人は、まず夫婦で共に神様の前に立ちましょう。そして**三代圏の祝福家庭の軸を立てるのです。**

真のお父様は私たちに、「最後まで残って、天の祝福を受けて有終の美を飾りなさい」とおっしゃいました。天に召命された神氏族メシヤとして、アベル圏とカイン圏の氏族を祝福する責任を果たしましょう。そして日本の全国民を天一国の民として復帰していきましょう。

二、蕩減条件と責任分担

私たちは、天一国基元節入籍祝福式を通して、本然のアダムとエバの位置に立つという恩恵を受けましたが、それにふさわしい実体になっているでしょうか。

時代的な恵沢

『原理講論』の緒論に、「復帰摂理とは、堕落した人間に創造目的を完成せしめるために、彼らを創造本然の人間に復帰していく神の摂理をいうのである。……復帰摂理は、創造目的を再び成就するための再創造の摂理であるから、どこまでも原理によって摂理されなければならない」（二七一ページ）とあります。

また、真のお父様は、「創造原理が分からないと、堕落論とか復帰路程が分からない。それは創造原理を適用して解いていくからだね」（一九六七年、原理大修練会「蕩減条件と聖書」）

と語られています。

復帰とは創造原理によって再創造することです。

堕落した人間が本来の位置と状態に復帰するためには、蕩減条件を立てる必要があります。それは、復帰過程において人間が果たすべき責任分担と言えます。ところで、私たちがみ旨を歩むとき「責任分担」という言葉を聞くと、少し重荷に感じるのではないでしょうか？蕩減の意味がそこに含まれているので、そのように感じるのです。

本来、責任分担は、親である神様が子女である人間を愛し、その成長を願われるがゆえに、人間に与えたものです。人間の責任分担は、み言によって自己創造し完成することです。すなわち、神様の心情と理想に一致することなのです。

人間始祖の堕落から始まったため人類歴史は、神様の復帰摂理歴史となりました。神様は、堕落人間が蕩減条件を立てて神様の心情と理想に一致することができるまで成長するのを待ち望まれました。そして、原罪を清算するために、真の父母であるメシヤを送ってくださったのです。

復帰摂理歴史において、神様はその時代ごとに信仰のためのみ言を与えてこられました。

神様はモーセに「旧約のみ言」である十戒（律法）を授けられました。このとき、人間は堕落以降初めて、神様から直接み言を受けることができたのです。十戒には、神様への信仰姿勢と、人間への戒めが示されていました（出エジプト記二〇章2―17節、申命記五章6―21節）。

次に、神様はイエス様を通して「新約のみ言」をお与えになりました。イエス様は「『心をつくし、精神をつくし、思いをつくして、主なるあなたの神を愛せよ』。これがいちばん大切な、第一のいましめである。第二もこれと同様である、『自分を愛するようにあなたの隣り人を愛せよ』。これらの二つのいましめに律法全体と預言者とが、かかっている」（マタイによる福音書二二章37―40節）と語られました。イエス様は福音によって、神様と人を愛することを強調されたのです。

真のお父様は、堕落人間が立てなければならない蕩減条件が「信仰基台」と「実体基台」であることを解明されました。

創造原理に、霊人体は神様から与えられる生素と肉身から与えられる生力要素によって成長すると述べられているように、復帰摂理を歩む私たちは、**信仰基台と実体基台を立てることを通してこれらの要素を得、霊人体を成長させ、完成させることができる**のです。

お父様が解かれたみ言は、神様の契約が成されるという意味で、「成約のみ言」と言われます。

天の信頼を勝ち取る

真のお父様は心情の復帰段階について、縦的八段階を示されました。それは僕《しもべ》の僕、僕、養子、庶子、実子、母、父、神の八段階です。私たちが蕩減条件を立てながら復帰の道を真剣に歩むならば、「嫌だけれどもする（僕の僕）」から、最終的に「喜んでしてあげたい（実子）」に至るまで、心情が変化していきます。そうして、神様の心情と理想に近づいていくのです。

私たちがみ言を知ったとき、それを戒めのようにとらえ、「やらなければならない」と感じることがあります。たとえ「嫌だなあ」という思いを抱きながらみ旨を歩んだとしても、それは僕の立場を通過しているのであり、復帰路程を間違いなく歩んでいるのです。

堕落した人間はメシヤによって原罪が清算されます。ところが、「堕落人間が創造本然の人間に復帰するためには、『メシヤのための基台』を完成した基台の上でメシヤを迎え、原罪を取り除かなければならない」（『原理講論』二七七ページ）とあるように、メシヤを迎える長成期の完成級までは、**自らがサタン分立路程を歩み、信仰基台と実体基台を立て、「メシヤのための基台」を造成しなければならない**のです。

『原理講論』に、「人間が堕落したのちにおけるこのような条件物は、人間の側から見れば、それは『信仰基台』を復帰するためのものであるが、神の側から見るときには、それはどこまでも所有を決定するためのものであったのである」（二七九ページ）とあるように、人間が神様の信頼を得る条件を立てるとき、神様はサタンから人間を取り戻すことができるのです。

み旨の最前線で、神様を疑いたくなったり、置かれた立場から逃げたくなったりすることがあります。しかし、そこで神様の愛を最後まで信じて疑わない不変の心情を貫くとき、神様が私たちを抱きかかえてくださるのです。

信仰基台を立てるには、「数理的な蕩減期間」が必要なので、ある一定期間、神様との約束を死守し、サタンに奪われることなく無我夢中で一瞬一瞬を歩むのです。たとえ神様から捨てられたような環境でも、神様に対する孝の心情で信仰を全うし、約束を果たすのです。

神様との約束を守る道は、神様に侍《はべ》る生活です。かつて真のお父様はアラスカで歩んでおられたとき、毎日、夜遅くまで釣りをする精誠を捧げておられました。あるとき、お父様がベッドの角で頭を打ち、けがをされたことがあります。それは、お父様が海から戻って食口にみ言を語られた後、二時間もお休みにならずに、翌朝四時に再び海に出発しようとされたときのことでした。

真のお母様が、「きょうはお休みになったらどうでしょうか？」と申し上げると、真のお父様は、「私は神様と海で五時に会う約束をしているんだ。行かなければならない」とおっしゃり、そのまま出発されたというのです。

私たちは、信仰基台の中心人物であるアベルの立場です。真のお父様は以前、本然のアダムとして来られたお父様と一つになってこそ、アベル（霊の親）として立つことができるとおっしゃいました。真の父母様と一体となり、真のお父様のような歩みをすることによって神様の愛が分かり、サタンを分別できるのです。私たちは父母様の伝統を相続し、その代身者として伝道に臨んでいきましょう。

困難を克服して永遠の宝を得る

伝道は「摂理だからしなければならない」というものではありません。**伝道は神様がたどってこられた「復帰の心情」を追体験し、神様の心情と理想に一致する道です。**その妙味を味わえば、やめることができません。

ホームチャーチや神氏族メシヤの摂理も、真の父母様が生涯をかけて勝ち取られた勝利圏を引き継ぐために、私たちに与えてくださった天からの賜物です。それらを伝道の一つの方法と考えるのは、とんでもない間違いです。

子女として神様と真の父母様の摂理的心情を体恤《たいじゅつ》し、本然の親子関係を取り戻すことができるのが伝道です。親子で永遠に分かち合う宝が、そこに隠されています。そのような価値があるからこそ、伝道には困難が伴うのです。困難を克服し、サタンとの闘いに打ち勝てば、神様と真の父母様と共に無上の喜びを味わうことができます。

自らを成長させ復帰することができる伝道に、感謝と喜びをもって励んでいきましょう。

第三章　神様の願いにかなった伝道

一、伝道とは何か

神様こそ最高の伝道師

神様は神霊と真理によって人々の心に変化をもたらそうとしてこられました。そのために立てられたのが宗教であり、イエス様以降、キリスト教が中心宗教でした。クリスチャンたちはイエス様の願いと心情を胸に抱きながら、世界の果てまで主の福音を宣《の》べ伝えました。そして、それを自らの生涯の使命としました。その世界宣教の精神が現在のキリスト教の基盤を築いたのです。

日本にはフランシスコ・ザビエル（一五〇六～一五五二）によって伝えられました。神様が彼の心を突き動かし、日本に遣わされたのです。そうして神様は日本が使命を果たすことができるように導き育ててこられました。**神様こそ最高の伝道師であると言えます。**ですから、**神様のみ意に生きる人の第一の使命が伝道である**ことは言うまでもありません。

真のお父様は一九七〇年十月二十一日に行われた七七七双国際合同祝福結婚式のとき、「お父様が一番喜ばれることはどんなことですか?」との質問に、即座に「伝道である」とお答えになられました。

真のお母様は二〇一四年五月十一日の連合礼拝で、次のように語られました。

「今この瞬間にも真の父母様が健在であられることを知らずに死んでいく人が、世界の至る所にどれほど多くいるでしょうか。……六千年ぶりに初めて訪れた天の驚くべき恩賜も受けることができずに悲惨にも流れていってしまう、そのような私たちの兄弟がいることを思うとき、私たちは両腕をまくり、力強く立ち上がらなければなりません!」

今、天一国青年宣教師が世界に飛び立っています。私たちも世界宣教の伝統を受け継いでいるのです。

真の父母と出会い祝福を受けた奇跡

神様は太初に夢を抱かれました。神様は父母になりたかったのです。アダムの体を使ってエバを愛したかったのです。それは「三大祝福のみ言《ことば》に従って、人間が神の国、すなわち天国をつくって喜ぶとき、神もそれを御覧になって、一層喜ばれる」（『原理講論』六四ページ）というものでした。神様はこの夢の実現のために、メシヤを地上に送られたのです。

イエス様は「わたしは道であり、真理であり、命である。だれでもわたしによらないでは、父のみもとに行くことはできない」（ヨハネによる福音書一四章6節）と語られました。伝道対象者を教会に連れてきたとしても、**メシヤにつなぐことができなければ、真の意味で伝道したとは言えません。**対象者の魂をメシヤにつなげるという決意と心情を常に持っていなければなりません。

堕落人間の人生における最大の願いは、メシヤから祝福を受けてサタンの血統から神様の血統に生まれ変わり、神様を中心に三大祝福を完成し、神様を喜ばせることです。私たちは既に、地上で人類の真の父母に出会うという大きな恵みを受けているのです。

ある先輩家庭は、アラスカで、真の父母様と共に船に乗せていただいたとき、真のお父様から「先生と同じ船にいるということは、この砂一粒を海に落とし、海の底に落ちたその粒を割り箸でつかむよりも難しいことなんだよ」と語り掛けられたそうです。

私たちが人類の真の父母と出会っただけでなく祝福まで授かったということは、奇跡中の奇跡と言っても過言ではないのです。

伝道は喜びと感動を伝えること

ヨハネによる福音書の四章にサマリヤの女の証《あか》しがあります。彼女は多くの男性と関係がありました。昼の十二時頃、水を汲みに井戸に来ます。暑い昼に来たのは人目に付かないようにするためでした。そこでイエス様に出会うのです。イエス様は彼女に水を飲ませてくれるように頼んだ後、ご自身がキリストであることを証されました。

彼女はユダヤ人から忌み嫌われていたサマリヤ人でしたが、イエス様は彼女が主を待ち望んできたことを見抜いていたのです。そして、彼女はイエス様を主であると信じ、「決して渇くことのない泉」を得ることができたのです。

それまで人目を忍んで生きてきた彼女でしたが、あふれる喜びと感動に突き動かされ、持っていた水がめをそこに置いて、そのまま町に出掛けました。彼女は主に出会った喜びを、人目を気にすることなく人々に伝えたのです。イエス様との出会いは彼女の人生の一大転機となり、生き方が変わるという奇跡を起こしました。

伝道とは正に、自らの魂が主につながった喜びと感動を人々に伝えることなのです。

その後、イエス様のみ言を聞いたサマリヤの人々は彼女に、「わたしたちが信じるのは、もうあなたが話してくれたからではない。自分自身で親しく聞いて、この人こそまことに世の救主《すくいぬし》であることが、わかったからである」（ヨハネによる福音書四章42節）と言いました。彼ら自身がイエス様のみ言と実体に感動し、自然屈伏していったことが分かります。

み言に、「伝道は情緒が先立って万人を引っ張ることのできる心情的磁石とならねばならない。常に心情的な引力をいかに補充していくかを考えなさい」（『祝福家庭と理想天国（Ⅰ）』三三二ページ）とあります。真のお父様は興南《フンナム》の徳里《トンニ》特別労務者収容所のような、み言を語ることのできない環境でも、命を懸けて他のために生きる真の愛の実践によって、周りの人々を感化し伝道されました。お父様の愛に、人は自然と引き寄せられていったのです。

ために生きる真の愛の実践は、大きなチャレンジであり、苦労が伴います。正に**伝道は愛の訓練なのです。伝道して初めて神様の愛、真の愛が分かるようになるのです。**

私たちは、自らの愛と実体で精誠を尽くしながら、み言と実体で対象者を育て、幸せに導くのです。そうしてこそ、本当の霊の親になれるのです。

自分を無にし、犠牲となる

真のお父様は、次のように語られました。

「伝道の仕方は簡単だ。自分を供え物にすることである」(一九六七年六月二十三日)

「一つの魂を救うことがどれほど困難なことか、皆さんよくお分かりでしょう。その経験を通して、先生が復帰のためにどれほど困難な路程を歩んできたかよく分かります。伝道もまた公的生活、無私の生活をしなければできません。

聖書に『一粒の麦が地におちて死ななければ、それはただの一粒のままである。しかし、もし死んだなら、豊かに実を結ぶようになる』とあるように、他者を生かすために自分を無にし、犠牲となって行うのです。すべてのエネルギーを排出して、自分を死なせ、その中から新しい生命が誕生するのです。それが伝道です」(一九七八年一月二日)

このように、**生命を投入してこそ新しい生命が生まれるのです。**

伝道では、対象者にみ言を伝えることを通して、神様の心情とみ意を知らせます。ために生きる愛の実践をして、神様の真の愛を実体的に示します。**私たちの愛の実践によって、神様の真の愛がどのようなものであるかを伝えるのです。**また伝道は、対象者に神様の夢である創造目的を知らせ、それを成就できるように導くことでもあります。すなわち、対象者を祝福に導き、真の幸福を実感できるようにすることです。

二、神様と共に喜ぶ

皆さんは、「なぜ、伝道するのですか?」と問われたら、どのように答えますか? その答えはとてもシンプルです。それは「幸福にしてあげたいから」です。さらに**「神様と真の父母様と共に生きること以外に、真の幸せはないと信じているから」**です。

父母の願いは全人類の祝福

『原理講論』に、「イエスがメシヤとして降臨された目的は、堕落人間を完全に救おうとするところにあるので、結局、復帰摂理の目的を成就なさるためであった。ゆえに、イエスは天国を完成しなければならず、したがって、地上天国を先に実現なさるはずだった」（一七八ページ）とあります。

また、真のお父様が天地人真の父母定着実体み言宣布天宙大会で、「私の生涯は、ひとえに天宙の真の父母であられる神様を解放してさしあげ、父母の位置を取り戻してさしあげ、死亡圏であえいでいる人類を救い、神様の懐にお返しすることでした。……父母を失った孤児の身の上に転落した無知蒙昧《もうまい》な人類を導き、この世界の救援の道を歩んできました。……六十五億の人類を導き、地上天国創建の道を歩んでいく私たち夫婦の人生でした」と語られています。

すなわちメシヤは、「堕落人間に創造目的を完成させる」、「地上天国を創建する」という二大目的を果たすことを通して、**神様を解放される**のです。

人類の真の父母（メシヤ）としての使命を実体的に完遂するため、真の父母様の生涯は常に深刻な日々でした。真のお母様のお姿を拝見すると、それは今も変わりません。

真のお母様は「祝福」という名詞が現れたことは人類の前に奇跡であると語られ、真の父母様と共に歩むこの時に、七十億人類を祝福することを願われています。ですから、**神様と真の父母様の願いにかなった伝道は、「全人類を祝福すること」**と言えるのです。

神様の懐にお返しする

真のお父様は、「人類始祖の堕落によって偽りの血統を伝授された人間は、誰もがサタンの束縛から抜け出すことができないまま、今も暗闇の中をさまよっている」と語られています。人類は正に親を失った孤児の身の上に転落し、サタンの束縛から逃れられない死亡圏にいるのです。

親が分からないということは、どれほど寂しく悲しいことでしょうか。真のお父様はこのように親を失った人類に「神様があなたの親であり、あなたは神様の子女である」と明確に教えてくださいました。

伝道は、死亡圏であえぐ人類を救い、神様の懐にお返しすることです。すなわち、サタンの要素である堕落性を持ち、恨みや憎しみを持つ人類を、サタンの束縛から解放するのです。そして、究極的には祝福によって人類をサタンの血統から神の血統に転換するのです。

そうしてこそ神様は六千年間の苦痛、恨みから解放されます。そして人類の父母の位置を取り戻し、創造本然の喜びの心情圏に戻られるでしょう。

神様の心情を復帰

神様が人間を創造された目的は、子女である人間が幸せになる姿を見て喜ばれるためでした。神様はこの目的を実現するために、絶対信仰、絶対愛、絶対服従の基準ですべてのものを創造されました。神様は「相手のために存在する」という原則の中にご自身を置かれたのです。

私たちは、神様が完全投入で創造された基準を目指します。完全無私の立場で投入してこそ、理想は完成します。**完全な投入は、完全な結果を生む**のです。投入しないで結果を得ることは決してできません。

育児では、子供に対して愛を投入します。子供のためであれば、親は犠牲となることも厭《いと》いません。献身的に投入してこそ、喜びと生きがいが生まれるのです。

伝道も、**自己の限界を超えて真の愛を投入し、伝道対象者を育てる過程で、神様の心情を復帰し、感動と喜びを味わうことができる**のです。

真のお父様は、「伝道の目的は、我々が神の心情、父母の心情を復帰することであり、自分の信仰の子女（霊の子）に対して、自分の生んだ子供より以上の心情的関係を持たずしては、サタンの心情圏を超えることはできない」（一九六七年六月十九日）と語られています。

自分の生んだ子供を愛する以上の心情で、伝道対象者に愛を投入していきましょう。

愛の完成

真のお父様は、次のように語られています。

「父母の心情をもって僕《しもべ》の体をもって、汗は地のために、涙は人類のために、血は天のために流していく。……自分の伝道した人が、イエス様が十字架にはりつけになる前に逃げてしまった弟子たちの基準を超えなければならない。……

もし死ぬ立場になったら、親の苦しみを自分の苦しみとして、自分が先立って死ぬような三人の弟子をイエス様も求めた。その基準を復帰した条件を立てなければ、伝道した人を復帰することはできない。それはたやすいことではありません。

自分の子供を育てるのは、むしろ簡単だよ。しかし、霊の子供には三倍以上の苦労を費やさなければならない。先生はそういう基台を築くために、七年以上、二時間以上は寝なかったよ。着るのも忘れ、食うのも忘れて心を尽くした」（一九六七年六月十九日）

伝道は、精誠を尽くし、ために生きる姿を実体で示し、相手に感動を与えることで成されるのです。

アダムは本来、三天使長を真の愛で主管しなければなりませんでしたが、そうすることができませんでした。それを蕩減復帰しようとされたイエス様でしたが、三弟子を立てることができませんでした。それで十字架にかけられたのでした。

アダムが三人の天使長を主管すべきであったように、私たちは本来、祝福を受ける前に、三人の伝道対象者を真の愛で、アダムに侍《はべ》る天使長の基準まで復帰する使命があるのです。三人が立ってこそ、私が天使長を愛したという条件を立てることができます。すなわち自分自身が、堕落する前のアダムの基準を復帰するのです。

ですから、**伝道することは**イエス様の摂理路程を蕩減復帰することであり、**結局、自分自身の愛の完成のためでもある**のです。

真のお父様は、伝道について次のように語られています。

「愛は人を感化し、無限な恵みを与えます。……中でも最前線での活動は最も神聖な義務であり、使命であります。それこそ正に人を愛していく道なのです。

伝道のため一軒一軒訪問していくのは、伝道することだけが目的ではなく、人を愛していくことが目的なのです。神もある意味では共に前線活動をしているのです。神があなた方の上に降りてこられて、共に戸を叩《たた》いているのです。

一軒一軒訪問して戸を叩く時、九〇パーセントは断られるでしょう。同様に、神があなた方を愛そうとしておられる時、九九パーセントあなたがたは神を否定してしまうのです。ですから前線活動をする中で、あなたがたが拒絶されることで神を慰めることができるのです。
あなた方が悲しい体験をすることによって神を慰め、神の心情を揺さぶることができます。そしてそこに愛が結実します。それはなんと崇高なることでしょうか。私たちは大きな心を持たなければなりません」(一九八二年六月二十七日)

人を愛することによって、神様を慰めるのが伝道です。アベルは神様と一つになって真の愛でカインを愛し、カインが喜んで神様に仕えるように導かなければなりませんでした。それと同じように、霊の親(アベル)は、霊の子(カイン)が喜んで神様に侍《はべ》ることができるように育てるのです。

その愛の投入の中で築く霊の親子関係を通して喜びを感じるとき、神様の愛を感じ、神様と共に喜ぶ、真の喜びを体験するでしょう。

第四章　伝道のポイント

一、神様の理想を目指して

(一) 真のアベルと神氏族メシヤ

真のアベル

聖書にヤコブの話があります。『原理講論』ではヤコブはサタン屈伏の典型路程を最初に勝利した人物として紹介されています。

ヤコブは、①パンとレンズ豆のあつもので兄エサウから長子の嗣業《しぎょう》を奪い、②二十一年のハラン苦役で家庭と財物を成し、③ヤボク川で天使との組み打ちに勝利し、天使に対する主管性を復帰することによって、「イスラエル」(勝利者、神の戦士)という称号を得ました。そして、④エサウを感動させ、自然屈伏させて勝利したのです。そのヤコブ路程は象徴的、モーセ路程は形象的、イエス路程は実体的なサタン屈伏路程であったと説かれています。

旧約聖書のアモス書三章7節に、「まことに主なる神はそのしもべである預言者にその隠れた事を示さないでは、何事をもなされない」とあります。神様はヤコブ、モーセの生涯を通して、イエス様が歩むべき道を示してくださったのです。

真のお父様も、ヤコブ、モーセ、イエス様から学び、生涯を歩まれたのです。真のお父様は、自叙伝『平和を愛する世界人として』について、次のように語られています。

「私はこの本を通して、人類のための天のみ旨がどこにあり、子女である私たち人間が歩むべき道がどこにあるかを詳しく示しています。また、天命に従って九十年の生涯を歩んできた私の人生を加減なく収めたこの真の愛の記録をもう一度精読され、大いなる悟りを得てくださることを願います」(「天地人真の父母定着実体み言《ことば》宣布天宙大会」から)

自叙伝は、子女である私たちが歩むべき公式路程を詳しく示しているのです。私を、真のアベルの本流、すなわちヤコブ、モーセ、イエス様、真のお父様と続く流れの上に置いてこそ、神氏族メシヤの勝利の道が見えてくるのです。

祝福家庭がアベルとして責任分担を果たすことが強調される時ですが、アベル・カインの復帰の原則は変わりありません。私たちはアベルであると同時にカインでもあります。カインとしてアベルの主管を受けて共に神の元に復帰されていくのです。

機関車を例に考えてみましょう。一台の機関車が一度に多くの貨車を牽引《けんいん》することができますが、それは連結部に秘密があります。連結部に隙間が空いているのです。

発車する瞬間は、先頭の一台だけが動きます。次に、先頭の機関車の力が連結部で二台目に伝えられ、引っ張られて動き出します。さらに、動き出した先頭の二台の力が三台目を引っ張ります。このようにして、わずかな時間差で次々と後続の車両に力が伝わっていき、すべての貨車が引っ張られていくようになるのです。もし貨車の連結部に隙間がなければ、一度に全体を動かさなければならないことになり、重くてとても動かすことができません。

この先行する車輌《しゃりょう》と後続の車輌の関係こそ、アベル・カインの原則です。アベルはカインを連れてきてこそ神の前に帰ることができるのであり、カインはアベルを通してこそ神に帰ることができるのです。これが、神様が人類の最後の一人にまで手を差し伸べ、救うための復帰の原則なのです。

私たちは、カイン圏を救うために、神氏族メシヤとして先に導かれたアベルであり、氏族の父母なのです。

㈡ゴール志向

神様の夢、天一国の実現

真のお父様がみ旨の道を歩まれたのは、神様と人類を苦悩の歴史から解放するためでした。サタンの血統から神の血統へと血統転換させ、本来の創造理想、神の国を復帰することでした。『原理講論』の復帰原理を見てみると、ヤコブは家庭的カナン復帰路程、モーセは民族的カナン復帰路程、イエス様は世界的カナン復帰路程を歩んだとあります。**みな「カナン復帰路程」、カナンの地に帰る道を歩んでいる**のです。では、カナンとは何でしょうか。

真のお父様は私たちに氏族のメシヤになりなさいと言われた時、同時に故郷に帰りなさいと言われました。勝利して還故郷することを願われたのです。

イエス様は、「何を食べようか、何を飲もうか、あるいは何を着ようかと言って思いわずらうな。……まず神の国と神の義とを求めなさい」（マタイによる福音書六章31—33節）と語られています。「神の国」を立てることを求めることを強調されているのです。

真のお父様も次のように語られています。

「なぜ氏族的メシヤが貴いのかと言えば、家庭と国家の間に立っているからです。これを『原理』で見るとき、家庭が蘇生、氏族が長成、国家が完成です。このような発展の原則から見るとき、国家を探し求めるに当たって、氏族的メシヤの基準がどれほど貴重かということを知らなければなりません」（一九八七年二月五日）

国家を探す、国を建てるためには、氏族的メシヤが重要な鍵を握っているのです。

天一国は、氏族的メシヤたちが、その使命を果たして、各氏族にみ言と祝福と、ために生きる生活を相続させ、善の主権を立てて、平和な世界と人類大家族を実現してこそ可能になります。**神氏族メシヤの勝利なくして天一国はできない**のです。

すなわち、神様の夢は太初から神様の国である天一国実現に焦点が当てられていたのです。ゆえに私たちは「神氏族メシヤ」として、自分の氏族、先祖のみを意識することにとどまってはいけないのです。目指すゴールは国、神様の祖国光復です。神様と真の父母様の夢を私の夢とし、天一国実現に向かっていきましょう。

三大祝福の実体的な勝利基盤

「ゴール志向」は「ゴール思考」ではありません。こうなったらいいなあと、ただ思い、考えることではないのです。どんな試練や苦労があっても、ゴールを目指して向かっていくのです。真のお父様の自叙伝『平和を愛する世界人として』にあるように、「夢が実現するまで絶対諦めない」のです。

神のみ旨は神様の創造目的である「三大祝福」を完成することです。それが私たちの人生の目的であるのです。そして、神のみ旨は、人間の責任分担、すなわち神氏族メシヤの使命が果たされてこそ成就されるのであり、そのとき神様は解放されるのです。

私自身が、誰よりも神様の夢、ゴールに対し信念と確信と情熱を持って、み言の実体になっていくことが何よりも重要です。そのために私の家庭から、神様が祝福し、神様が共に住まわれる真の家庭を成すのです。

天の復帰摂理にはさまざまな分野があります。そして、それぞれに与えられた使命があります。それを一生懸命なすと同時に、神様の創造目的である個性完成、家庭完成を成していかなければなりません。

これまで、自分自身のことや、自分の家庭のことについては、全体目的から見れば個人的なことであるとして、後回しにし、重んじてこれなかったかもしれません。

しかし、「素晴らしい『原理』を聞いてください。でも、私を見ないでください」「素晴らしい真のご家庭を見てください。でも、私の家庭は見ないでください」では、伝道は進みません。特に氏族、友人・知人であればなおさらです。三大祝福のみ言を実体化するためにコツコツと努力する姿があってこそ、ために生き合う真の愛の家庭があってこそ、人は感動して伝道されるのです。日々のたゆまない「愛天愛人愛国の実践生活」の実体が必要なのです。

自らがみ言の実体になるために、まず人格完成を目指しましょう。そして祝福を受けて神様の血統に転換し、さらに三世代祝福家庭の完成に、天の祝福を周辺に連結して実体的天一国を成すまで、絶対に諦めず前進していきましょう。

㈢ 孝の心情と天の伝統と血統

真のお父様は、聖和《ソンファ》される数カ月前、「実体として完結できる結論のための三十日教育をする。神氏族メシヤとして再臨主の代身となるために、相続を受けていく。二度と呼んで教育することはない。共に行こう。共に暮らそう」と語られ、始められたのが、神氏族メシヤ特別教育でした。

そして、日本人の三十日教育が終了したとの報告を受けたその夜から、お父様はご容体が悪くなられたといいます。イエス様がゲツセマネの園で十字架の死の道を決意されたように、真のお父様は、父母としてなすべきことをすべて成し、基元節に、私たちを天一国に入籍させるために、私たちの不足を背負って命をお捧げになる決意をなさっていたに違いありません。

孝子とは、父母の心情を推し量り、その願いを果たす者です。直系の子女となった私たちは、尊い真の父母様の前に孝の心情をもって、神氏族メシヤの使命を果たしましょう。そして神様の祖国光復を成し遂げてさしあげましょう。

歴史上一度しかない時

真の父母様は人類歴史上、永遠にして一度しか現れない方です。私たちはそのような尊い方と、この地上で共に生きた者です。私たちには、お父様の「アラッソヨ（分かりましたか）？」という声が耳に残っています。満面の笑みで身振り手振りを付けて歌われる姿が懐かしく思い起こされます。

しかし、お父様の地上での実体の香りを直接感じられる時代は終わりました。今後、どんなに立派な人が伝道されたとしても、あるいはたとえ罪のない時代が到来したとしても、地上で真のお父様にお会いすることはできません。「主は韓国に来られました」から「韓国に来られましたが、既に逝かれました」と言わざるをえないのです。「私の出会った真のお父様」から受けた「忘れられない真の愛」を語ることができるのは私たちしかいません。**この真の愛を宣《の》べ伝えるのが伝道**なのです。

今、真のお父様は霊界におられ、真のお母様は地上におられて、ご一緒に摂理を進めておられます。このような時は地上界においても、霊界においても、特別であり貴重な時間です。

真のお母様が「今という時は、皆さんたちすべてが忠、孝、烈を尽くす歴史上、一度しかない時です」と語られるように、まさに**今という時は、人類歴史に二度とない時**なのです。

今、天の伝統と天の血統を立てることが願われています。『平和神経』の中に「血統が最も貴い」とあります。一億二千万の日本国民に、七十億全人類に「原理」を教え、真の父母様を伝え、祝福を与えて天の血統に転換していかなければなりません。これからは「私自身の原罪清算のための祝福」という以上に、「神様の血統を立て、さらに広げる祝福」という観点を強く持つ必要があります。そして、地球全体に天の伝統と血統を広げ、永遠に定着させるのです。

二、伝道・教育観の転換

神様の夢とビジョン

これまで長い間、個人の悩み、ニーズ、課題に焦点を当て、その解決のために講義や牧会をする伝道をしてきたのではないでしょうか。伝道対象者は原理のみ言を聞き、自己の矛盾性を知的に理解して、自分自身の課題を自覚します。そして原罪と堕落性を自覚することによって、自身の限界を感じ、メシヤの必要性を認識するようになります。そのようなことから「原罪を清算するためにはメシヤを迎えなければならない」「原理が真理だから、この道を歩まなければならない」というように、義務感や使命感で歩みがちでした。

それに対して、天一国時代では神様の夢に焦点を当てます。伝道も、伝道対象者に神様の夢とビジョンを投げ掛けます。そして、ために生きる真の愛を実践することによって、苦労と犠牲の中でも湧き上がってくる本心の喜びを発見します。

「この喜びは何だろう？　私は神様の子供ではないか！」と、自分の中にある神性を発見するのです。

では、**神様の夢とビジョンとは何でしょうか？**　それは、**天国を開く門である「真の家庭」です**。それが、私たち家庭連合のアピールポイントになるのです。

この「真の家庭」のビジョンを対象者に投げ掛け、本心を啓発しながら育てていきます。

そうすれば、真の愛を育み、真の家庭を築きたいと願うようになります。そして、それを実

伝道・教育観の転換—重点を変える（右側も必要）

アベルの立場で主人となる	←	カインの立場で信仰する
本心を評価する	←	課題を指摘する
本心を啓発する	←	矛盾性を自覚させる
ビジョンに合わせる	←	課題、ニーズに合わせる
文化、実体で感化	←	原理の知的理解
真の家庭の実体化	←	個人の救い
全ての人類を兄弟姉妹として	←	食口を兄弟姉妹として
カイン圏を迎え入れる	←	カイン圏からアベル圏を守る
祝福は神の夢へのスタート	←	祝福を受けることに重点

体化された真の父母様を慕うようになるのです。

本心の喜びから出発した伝道対象者は、やがて祝福を受け、真の家庭の実現に向かいます。さらに三代圏へ、氏族圏へと祝福の喜びを拡大していくのです。そのような家庭が、神様の夢の主人、摂理の主人になっていくのです。

私たちは対象者の本当の幸せ、三代圏の幸福に責任を持つのです。**「三代圏の祝福家庭を実現していく」という明確な「伝道教育観」を持って伝道していかなければなりません。**

私たちは伝道・教育に対するこれまでの捉え方・考え方を転換しなければなりません。その特徴を上の表にまとめてみました。右側の過去の伝道・教育観が必要でないというのではありません。左側に重点を移していくのです。

これまで、私たちは霊の親として成長できていませんでした。伝道しても、自分で霊の子を育てず、預けて育ててもらうことが多く、生んだけれども親にはなれていませんでした。しかし、日本の全国民を伝道するには、**霊の親が霊の子を責任を持って育てる**、そのような文化に変わっていく必要があります。真の父母様が人生を懸けて人類を救うために投入されたように、私自身が諦めずに霊の子に投入し続け、「父母の心情、僕《しもべ》の体」のみ言を実践して本物の親にならなければなりません。

神様の夢に向かって

神様と真の父母様の夢（ゴール）は、天一国を実体的に実現することです。その夢を私の夢とするのです。私たちは**目指すゴールを実体的天一国実現に焦点を合わせる**のです。

そのためには、まずみ言で自己再創造しなければなりません。そして三大祝福の完成に向かうのです。そして三代圏が祝福を受け、毎朝一緒に訓読をしながら、ために生き合い、喜びにあふれた家庭を築くのです。神様を中心とした、その家庭が神氏族メシヤの使命を果たし、国家、世界へと拡大していくのです。そのようにして天一国が実体的に実現されるのです。ビジョン・ミッションを掲げ、それに向かって挑戦し続けるのです。それは真の父母様の生き方そのものです。真の父母様は神様の夢を実現するまで絶対に諦められません。お父様ご自身の明確なビジョン・ミッションが「家庭盟誓《カヂョンメンセ》」に集約されています。私たちの教会は、この「家庭盟誓」があるので、ぶれることがないのです。

二〇二〇年、オリンピックが日本で開催されます。日本を神様と真の父母様が祝福してくださっています。一九八八年のソウル・オリンピックでは、真の父母様が天運を韓国に連結されました。真の父母様が送られた宣教師の精誠の基台の上で、二世圏が韓国に、父母のもとに帰ってきたのです。共産圏の二世圏までもが集まり、真の愛を受けました。オリンピックは世界中の注目を集める最大の国際イベントです。日本が神様の祝福を受けていることは間違いありません。それも開催されるのが、ビジョン二〇二〇の、正にその年なのです。

イエス様は、「いちじくの木を、またすべての木を見なさい。はや芽を出せば、あなたがたはそれを見て、夏がすでに近いと、自分で気づくのである。このようにあなたがたも、これらの事が起《おこ》るのを見たなら、神の国が近いのだとさとりなさい」（ルカによる福音書二一章29―31節）と語っておられます。神の国が近いのです。

日本教会から天一国宣教師が世界各地に出発しました。日本全体が二〇二〇年のオリンピック成功というゴールに向かっています。その方向と目的も、やがて天の摂理に一致していくことでしょう。私たちは、神様の大きな夢、「実体的天一国の実現」のゴールに向かって果敢に挑戦していきましょう。

三、神氏族メシヤ活動の勝利

今願われているのは、「神氏族メシヤ活動の勝利」と「実体的天一国の実現」です。

三代圏が祝福を受け、神様を中心に毎朝訓読をしながらために生き合って喜ぶ家庭が氏族、国家、世界へと祝福の恩恵を拡大していく。そのような歩みが定着することで実体的天一国が成されるのです。

すべての祝福家庭が神氏族メシヤを勝利するための三つのポイントを挙げてみます。

㈠ 個人伝道から家族伝道へ

これまでは個人を伝道して終わってしまうことが多くありました。しかし、これからは、伝道対象者の家族も一緒に伝道するのです。**天の願うのは三世代祝福家庭です。**個人だけで幸福になることはできません。天国は家庭でなければ入ることができないのです。もし夫（妻）が復帰できていなければ、まず夫（妻）を伝道するのです。夫婦で祝福を受けるのです。夫、親、子供を復帰して祝福家庭となり、神氏族メシヤを出発するのです。

真のお父様の遺言である「全食口《シック》神氏族メシヤの勝利」に向かって**世帯伝道を目指しましょう。**

㈡ 霊の子、孫まで責任を持つ

以前は、霊の親が霊の子の教育をするではなく、教会に頼り、人任せにすることが多かったと思います。分業によって効率が良くなるという面もありましたが、反面、霊の親が成長する機会が失われていました。一人一人の伝道の力が弱かったと言えるでしょう。日本の全国民を伝道していくためには、一人一人が伝道する力を持たなければなりません。そして、伝道された人が次の人を伝道する、**霊の親が霊の子を育て、さらに霊の孫まで育てるという文化を築く**必要があります。

　私たちは真のお父様のみ言を実践することで、サタンが分立されて復活します。「ために生きる」というみ言を実践するとき、私の中にある神性を発見するのです。「私も神の子だったのだ」と、神様と共に復活の喜びを味わいます。他のために生きることによって築かれた人間関係の中には、愛の喜びが生じるのです。

「証《あか》し伝道」というのは、単に教会の名称を証すことだけではなく、この**喜びの体験を霊の子、霊の孫に証して導く**ことです。

　また、伝道の本質は私がみ言の実体となって相手を感動（自然屈伏）させることですから、「直接伝道」とは「直接ために生きる」、すなわち愛の実体として導くことだと言えます。

　バスに乗って座席に着いた瞬間、初めて会う隣の人に「私は統一教会の信仰を持っているんですが……」と、いきなり話し掛けることはないでしょう。たとえ短時間だとしても、まずは相手に関心を持っていろいろと尋ねたり、話題を提供したりして、会話を楽しみます。そのように心情交流をして、相手が自分に関心を持って尋ねてきたときに、自身の信仰を証し、「原理」や教会を紹介しようとするのではないでしょうか。

自分のことはさておいて、「『原理』を聞いてください」、「『原理』はすべての問題を解決してくれます」などと、叫ぶだけではいけないのです。

(三) み言の生活化、生活指導

天一国時代は定着時代なので、み言の生活化が必要です。まずは家庭の中でために生きる生活指導を徹底します。そして、生活圏において他のために生きる文化を見せて感化していきます。さらに三世代祝福家庭を築き、その喜びを周辺に連結していくのです。

そのようにして、日本の全国民復帰を目指すのです。生活指導の根幹は「愛天愛人愛国」です。それは単なる教育理念ではなく、天一国を実現する実践的方策なのです。

「責任分担」と「間接主管圏」

神氏族メシヤとしてアベル圏とカイン圏の氏族を祝福するためには、伝道対象者を育てなければなりません。そこで「育てる」ということを責任分担と間接主管圏の観点から考えてみます。

人間は愛を受けるだけでなく、愛を与えることによって成長し完成するように創造されました。人間が神の創造性に似て万物を主管する主人の権限を得られるように、神様が人間に責任分担を与えたからです。

予定論に、神様の九五パーセントの責任分担と人間の五パーセントの責任分担が成されて初めてみ旨は成就するとあります。ですから、神様と、神様と完全に一体となられた真のお父様が「すべて成した」としても、私たちの責任分担である「神氏族メシヤ」の使命が果たされなければ、み旨は成就しないのです。

もし、「五パーセントの責任分担は、やるかやらないかの選択権はあるとしても、神様の願いを思えば、『やる』しかない」と言えば、神様との父子関係を築けていない人には、「やれ」という強制に聞こえるかもしれません。しかし、孝の心情から父母の願いを果たしたいと願う人であれば、その責任分担に喜んで挑戦するはずです。ですから**孝の心情を育てることが必要なのです。**

次に、間接主管圏についてです。『原理講論』に「神は原理の主管者としていまし給い、被造物が原理によって成長する結果だけを見るという、間接的な主管をされるので、この期間を神の間接主管圏、または原理結果主管圏と称するのである」（七九ページ）とあります。

人間は、自発的で主体的な自由意思と自由行動によって自ら責任分担を全うします。神様は、人間が果たした原理的な結果を主管され、喜ばれます。人間は自己の価値を実現して、神様に愛と喜びをお返ししながら成長していくのです。

実際の親子関係で考えてみましょう。親が子供の成長を願って、その願いを子供に伝えます。子供は父母の願いに従って最善を尽くし、その結果を親に報告します。

そのとき、それが願いにかなっていれば、親は子供が喜ぶ以上に喜び、子供を褒めます。その親の喜ぶ姿を見た子供は、単に結果自体に満足するのではなく、親から認められることを通して自己の価値が実現する喜びを実感するのです。このような親子の授受作用の中で、子供は成長していきます。

例えば、野球のバッティング練習で親が子供を指導したとします。翌日、子供が「ホームランを打った」と喜んで報告すると、「そうか！　よくやった！」と、親は子供以上に喜ぶのです。子供はホームランを打ててうれしかっただけなのに、家にはもっと大きな喜びで共感してくれる親がいることに感動し、次はもっと喜んでもらいたいと思うのです。

生活の中で結果を主管してあげることを繰り返すことによって、人は成長していきます。

その役割をしているのが、家庭では親であり、教会ではアベルや霊の親なのです。

『原理講論』から人を育てるための要点を学ぶことができます。「霊の親が霊の子、霊の孫まで育てる」文化に変えていくに当たって、間接主管圏（原理結果主管圏）の見つめ方、捉え方に、人が育つ大きな鍵があると思います。研究してみましょう。

喜んで伝道する文化

神様は、人間に「神の子女」となる資格を与えるために責任分担を与えられたのです。神様は、人間を神様と同じような創造主、第二の創造主の立場に立たせようとされたのです。そのため人間は、自身を創造するのです。それは、絶対「性」を守って自己主管し、神様のみ言を信じて実践することを通して、み言の実体となること、人格を完成することでした。

これと同じように、親は子供の自主性を重んじ、子供自身が自らの才能、個性を見つけて伸ばしていくように育てることが大切です。伝道する場合の霊の親も同様です。**霊の子が自ら主体的にみ言を学んで実践し、神様の愛を実践することによって、神様の愛、心情を体《たい》恤《じゅつ》するのです。**そのようにして霊の子が喜んで伝道するようになるのです。そのような教会文化をつくりましょう。

三代圏祝福家庭の実現

「1―3―9思想」について考えてみましょう。

一番目のポイントは、**伝道された人が喜んで新しい人を伝道し、それが拡大していくということです。**

その一つの例は、聖書の使徒行伝に書かれているルデヤという女性です。彼女は聖霊の役事《やくじ》によって使徒パウロに導かれました。生地を売る商売をしていましたが、当時の上流階級の人々と付き合う基盤を持っていました。ルデヤは、自分のすべての因縁圏と人的基盤を天につなげました。そしてヨーロッパ宣教の足がかりとなったのです。

もう一つの例は真のお父様が聖和《ソンファ》される少し前に行きたいとおっしゃった野牧《ヤモク》での証しです。一人の牧師を通して百二十人のキリスト教信者が一気に統一教会に改宗したというのです。初期の教会において爆発的伝道の証しが起こっているのです。

これらの爆発的伝道の証しでは、最初に出会った人が聖霊の役事、感動、喜びなど、心に大きな変化が起きたのです。全食口が心情的に復活して喜びを与えることができるなら、神氏族メシヤの活動でペンテコステが起こり、爆発的伝道ができることでしょう。

二番目のポイントは、**霊の親がどこまで責任を持って育てるか**です。**霊の子が「神氏族メ**

シヤ」を勝利するまで、です。

天一国時代は本物が求められる時代であるので、まずみ言を生活化する努力が絶対に必要となります。**愛天愛人愛国の生活を実践して三世代祝福家庭を目指す**のです。その過程で感じた**喜びの心情を持って自らの勝利的証しを新しい人に伝える**のです。さらに、**生活指導し、教育します。**そのようにして、新しい人が感動を受けるならば、その人は、さらに新しい人を伝道していくのです。

三番目のポイントは、「1―3―9思想」は天一国時代にふさわしい伝道思想であるということです。私たちは対象者を見るとき、三代圏を見つめる目を持たなければなりません。なぜならば、その人を本当に幸せにする、救うとは、その人が三代圏の真の家庭を築くことだからです。三世代祝福家庭を成した喜びと幸福が、国家に、そして世界に拡大されてこそ天国が築かれるのです。正に「1―3―9思想」は、私たち祝福家庭における本然の血統と伝統を継承できる教育観でもあるのです。

このような内容は、真の父母様が直接指導された先輩たちが歩まれた草創期の教会に見られるものです。多くの先輩方の証しに鍵があるので、先輩方から多くを学び、相続して、食口が互いに慕わしくて集い、愛し合う温かい教会を築いていきましょう。

伝道・教育観の転換を成して、天一国ペンテコステを起こしていきましょう。

三世代祝福家庭から生じた喜びと幸福が国家に拡大されてこそ、天国が築かれます。「1—3—9思想」は、**本然の血統と伝統を継承できる教育思想でもある**のです。

ユダヤ人の家庭にトーラーやタルムードを訓読する伝統があるように、私たちの家庭に訓読の伝統を立て、子や孫に信仰を相続させるのです。「三大祝福の完成」というゴールを明確にして、夫・妻復帰や子女復帰に諦めずに取り組みましょう。

四、真のお父様のみ言の原点に立ち返る

地域、国家をリードする

二〇一四年九月二十三日、千葉市の幕張メッセで「Global Youth Festival 2014」が開催されました。私はそれに参加して、「教会の在り方が変わる！」と強い衝撃を受けました。

何よりも圧巻だったのは、目の前で躍動する国際家庭の子女たちの姿でした。また、帰国した天一国青年宣教師の一期生が現地の文化を紹介する姿や、インターネット中継で見た、各国で歩んでいる二期生と現地の兄弟姉妹が交流し合う光景に、真の父母様のみ言、「交体《こうたい》祝福結婚を通して人類は一つの家族となり、太平聖代を享受しながら平和と幸福を享受するようになるでしょう。そのような日が、もう私たちの目前に迫ってきているのです」を思い出しました。

これからは私たちの家庭が実体で地域、国家、世界をリードしていくのです。時々、テレビで放映される、世界でたくましく生きる祝福家庭は、真の父母様から真の愛を頂いて誕生しました。私たち祝福家庭もみな、真の父母様の真の愛から出発した代身家庭なのです。

私はこの道に来てから三十年、召命や祝福など多くの奇跡と導きを感じてきました。神様はみ旨のために私を召命されたと信じて一生懸命歩んできました。しかし、今になって、「**神様が私を召命されたのは、『真の家庭』を築くためであった。子女を立派に生み育てることがみ旨の中心だった**」と改めて気付いたのです。「神氏族メシヤは私自身が真の家庭を築くことから始まる。そして、それが国家、世界にも影響を与えるのだ」と、個人の召命と家庭、氏族、国家が明確につながったのです。

多くの祝福家庭が全体目的を優先するあまり、家庭がなおざりになっていたというのが現状かもしれません。**もう一度、真の父母様のみ言の原点に立ち返りましょう。**私たちは伝道に対する捉え方、取り組み方を変えるべき時を迎えているのです。

原理のみ言による再創造

ワシントン大会の直後に、櫻井設雄・第五代会長は講話で、真のお父様が語られたみ言を、次のように紹介しました。

「先生はこれからもう一度、世界の統一教会の兄弟姉妹をみ言によって再創造しなければならない。み言があまりにも兄弟たちの心の中に霊的支柱として、あるいは生活の中心としての内容になっていない。……『原理講論』はあるが、語る人のさまざまな知識や経験が加味され、世界的な一つの公式基準が立っていない。だから、先生はみ言による食口再創造とみ言の世界公式化を行う」

当時、真のお父様は、全食口が「原理」のみ言で再武装して自己を確立し、天から与えられた三百六十軒のホームチャーチ摂理を出発することを願われていました。

同じように、神氏族メシヤ活動の推進が天の摂理として掲げられた今、**『原理講論』のみ言の再武装と、み言による再創造が願われているの**です。「原理」のみ言によって生活し、すべての兄弟姉妹が原理講師になるのです。「責任者はみ言を語れるが、前線の兄弟姉妹はみ言を語れない」では、爆発的伝道は不可能です。

真のお父様は『原理講論』を読みながら伝道することを願われ、次のように語られました。

「ですから今後、家庭を中心として本を分けてあげて、どのようにするのかを知らなければなりません。本をあげた人々に一週間に一度ずつ電話するのです。『どれくらい読みましたか？　どんな感想を持ちましたか？』と尋ねてから、それに対して詳しく知りたければ訪ねてくるように言うのです。

三十冊を分けてあげたその圏内において、一カ月、二カ月、三カ月継続してみると、百件以上になります。そこに電話して、『もっと深く知りたければ、本を持ってきて、もう一度読みながら勉強しましょう』と言うのです。そうすれば、みな集まるのです。また、『来てください』と言って来なかったなら、こちらから訪ねて行き、一対一で本を読みながら教習することもできるのです」（『文鮮明先生み言選集』第二三九巻二八八ページ）。

ブラジルにおいても、このみ言が一対一伝道の出発点になりました。最初は、原理講義の経験がないから難しい、対象者からの質問に答えられないなど、一対一訓読原理講義に抵抗感を持つ人もいました。ところが、勇気を持って始めてみると、『原理講論』を読むたびに、何よりも伝道者本人が神様の愛と救いの役事によって復活していったのです。そうして、一対一伝道は自分でもできると自覚し、伝道に対して自信を持つようになったというのです。

一対一訓読原理講義の長所は、対象者に講義する時間が、そのままその人を新しい原理講師として育てる時間になることです。対象者が『原理講論』を読んで食口になれば、次の人を同じ方法ですぐに伝道できるのです。正に、新しく伝道された人が新しい人を伝道するという道が開かれるのです。

『原理講論』を講義する

私は清平《チョンピョン》四十日修練会で、『原理講論』を八回訓読する中、突然、神様の心情が注がれ、涙があふれるという聖霊体験をしたことがありました。『原理講論』自体に神霊と真理が宿っているのです。

皆さんも、「原理」のみ言を通して神霊と真理に触れ、何か新しい時代の到来を感じてこの教会に来たのではないでしょうか。『原理講論』には次のように書かれています。

「祈りを多くささげる人、あるいは良心的な人たちが、終末において甚だしい精神的な焦燥感を免れることができない理由は、彼らが、漠然たるものであるにせよ、神霊を感得して、心では新しい時代の摂理に従おうとしているにもかかわらず、体をこの方面に導いてくれる新しい真理に接することができないからである。……彼らを新しい時代の摂理へと導くことができる新しい真理を聞くようになれば、神霊と真理が、同時に彼らの心霊と知能を開発させて、新しい時代に対する神の摂理的な要求を完全に認識することができるので、彼らは言葉に尽くせない喜びをもってそれに応じることができるのである」（一七四―一七五ページ）。

神様は私たちに神霊と真理に相対する心霊と知能を与えてくださったのです。

「『原理講論』を読みながら伝道しなさい」（一九九二年十二月六日）

「本を見ないで講義すると、講義内容に自分勝手な言葉が入るようになります。それでいつも本を主流に立てて、それに従って講義できるようにするのです。このようにして本による体制で自分が訓練されることによって、どこに行っても本と共に講義することができるようにしていかなければならないのです」（文鮮明先生み言選集二六四巻87ページ、一九九四年十月九日）

このように、『原理講論』を中心とした伝道こそ、真の父母様の願われる伝道なのです。

訓読家庭教会

真のお父様の聖和後、真のお母様が「神霊と真理にあふれた教会」をもって今後統一運動を導いていきたいと語られました。私は金榮輝《キムヨンフィ》先生（三十六家庭）にお会いした時、「真のお母様が、神霊と真理に満ちあふれた草創期の教会と言われていますが、その意味はどのような雰囲気、またイメージですか?」と質問しました。すると先生は「実の兄弟よりも食口との情が近くて、来たい所が教会でした。一度来ると帰りたくなくなります。そのように食口が恋しくて、食口を大切にした時代です」と答えられたのです。

私たち食口同士がこのような真の愛にあふれた教会を築くことが伝道勝利の鍵だと思います。神氏族メシヤの訓読家庭教会は、正にこの真の愛の文化にあふれた教会を築くことを目指すのです。教会の兄弟姉妹が互いに神様を感じる、慕わしい人間関係を築き、愛の器と心情文化をつくるのです。そこでは新しく集う対象者も喜んで自然に心が打ち解けていきます。伝道は、霊の親がアベルとして、カインの立場にいる対象者を、愛と犠牲で自然屈伏させるのです。その愛を教会の兄弟姉妹と関わり合う中で培っていくのです。そこで培った愛の器が、家庭における夫婦の一体化、子女教育など、生活圏にもつながるのです。ですから、訓読家庭教会は伝道形態としてのシステムではないのです。

個人路程で堕落性を脱ぐことができなければ、夫婦関係や親子関係に問題が出てきてしまいます。また、伝道で自分と同じような堕落性にぶつかると、思うように結果が実らないのです。

そこで、相手が変わることを求めるのではなく、「自分が変われば相手が変わる。自分の愛が成長すれば状況に変化が現れる」と信じて、神霊と真理にあふれた家庭教会をいかにつくるかということが課題になります。愛の器に変化が起こっていくにしたがって、訓読家庭教会は発展するでしょう。

再度繰り返しますが、**真のお父様のみ言の原点に立ち返ることが爆発的伝道の鍵です。『原理講論』を中心に講義をする**のです。「原理」のみ言で復活しなければ、人は食口にはなりません。そして、**お父様の真の愛の伝統を受け継ぐ**のです。そうすれば爆発的伝道は可能になるでしょう。

五、一対一伝道

一対一伝道は伝道教育哲学

伝道教育局は「一対一伝道」を推奨しています。

徳野英治会長は、次のように語っています。

「自叙伝書写、祈願書、祝福、講演会など、さまざまな伝道方法がありますが、死守すべきことは、教会の名前を明かして伝道することと、一対一伝道を勝利することです。

教育ラインを中心とする方法では、爆発的な伝道は難しいです。一人一人が実力をつけない限り、爆発は起きません。一対一伝道を単なる伝道方法の一つと考えるのではなく、伝道教育哲学として、すべての教会、食口が実践しなければなりません」

食口のレベルアップのためには、霊の親子で「原理」のみ言を訓読し合う、『原理講論』訓読伝道が鍵となります。「原理」のみ言によって復活しながら教育してこそ、爆発的伝道は可能になるでしょう。

また、霊の子の心霊を育てるためには、自らがみ言を生活化した証しを伝えることです。家庭のさまざまな問題をみ言で解決した経験があれば、その内容を証すことによって、世の中の人を悩みや苦しみから解放し、救うことができます。同じ環境を通過してこそ、霊の親子の心情は共鳴し、信頼関係が生まれます。ただ「原理を聞いてください」と言うのではなく、情的に交わり、霊の子が霊の親の愛を実感してこそ、伝道できるのです。伝道の本質は、親子の情関係を結ぶことです。

真のお父様は、次のように語られています。

「一人一人伝道しなさい。一人一人、一対一です。一対一作戦を組まなければなりません」（『文鮮明先生み言選集』第九六巻三一六ページ）

「二人、三人、伝道しようと思うなということです。一人ずつしなさい。人が生まれる時には、一人ずつ生まれるのであって、二、三人ずつ生まれるのではありません。……ですから、皆さんは一か月に一人ずつだけして、一年に十二人を伝道するという目標を立てて、一年十二か月、精誠を尽くすのです」（同、第二三巻三一〇ページ）

一対一作戦で一人と長く付き合い、忘れられない関係を築くのです。

真の愛の投入

家庭においても、親は子供に真の愛をもって一対一で犠牲と奉仕の精誠を尽くすのです。親が子供に真の愛をもって、それぞれ一対一で犠牲と奉仕を貫いたとき、子供は孝の心情を成長させることができるのです。

多田聰夫《としお》・家庭教育局家庭教育部長も「家庭力アップ講座」において、子供たちに絶対に必要なものは、個人的な関心であると語っています。子供にあなただけの時間を持ってあげるということが大切なのです。それぞれの子供一人ひとりと月に一度は、食事会などをして子供と一対一の時間を持ち、共感する時間をつくるのがよいというのです。生活圏において時間・空間を共にしながら一対一で深く付き合い、揺るぎない信頼関係を築くのです。

伝道も同じです。霊の親子の一対一の関係が、すべての関係の基本です。お父様も草創期は食口たち一人ひとりに精誠を捧げながら、この教会の基盤を築いてこられたのです。霊の子に対する霊の親の一対一の犠牲と奉仕で育まれた心情をもって新しい人が新しい人を伝道していくのです。

霊の親から学んだ信仰姿勢

私が伝道されたとき、霊の親は信仰歴が二年で、私が最初の霊の子でした。入教して間もない頃、教会の姉妹が私の霊の親について、「彼は、伝道しても伝道しても、対象者が離れてしまっていたのよ。でも、雨の日も雪の日も、毎日黙々と聖地で祈祷を重ねていたわ。そして三年目にあなたとあなたの霊の弟がいっぺんに伝道されてきたの。彼は本当に喜んでいたわ。彼は人知れずコツコツと蕩減条件を立てる兄弟なのよ」と教えてくれました。

私と霊の弟が共に入教した信仰の初期は、毎日反省会の後、その日に「原理」や聖書を学んで感じた疑問や質問を霊の親にぶつけ、三人でああでもない、こうでもないと議論していました。気が付くと、夜が明け始めていることもありました。「原理」を研究し、み言を尊ぶ姿勢は、その時に霊の親から学んだのです。

またある時、私の隣に敷いた、霊の親が寝るはずの布団が使われていないことに気付きました。霊の親は伝道勝利のために、四十日間、背中を床に着けずに寝る条件を立てていたのです。ちょうど、真のお父様がダンベリーで背中を着けて寝ることができず、エビのように丸くなって祈祷をされていた頃です。私は何度か、霊の親が総務室の椅子に座り、机にうつ伏せになって寝ている姿を見ていましたが、条件を立てていることは気付きませんでした。

皆さんは、これまで霊の親から何を学び、霊の子に何を教えてあげたでしょうか？　霊の親が霊の子に精誠を尽くすという伝統を霊の子が相続したとき、新しい人が新しい人を伝道するようになるのです。

伝道していると、私が伝道された背景に、霊の親の精誠の基台があったことを感じるようになります。そこに伝道の妙味があります。霊の子に対する霊の親の一対一の犠牲と奉仕の投入こそが真のお父様の伝道の伝統であり、教会の発展の力になるのです。

神氏族メシヤ活動は、私たちの住んでいる家を中心に地域の人々を伝道することが願われています。生活圏伝道は「私」を直接見せる伝道です。**自分の家庭が魅力的になることを通して周囲の人々を引き付けるのです。**自らの生活圏内でために生き、周囲の人々を愛と犠牲で自然屈伏させ、信頼関係をつくるのです。自分の生活圏にいるすべての人を伝道対象者と考えて、意識と関心を持って尽くすのです。

生活しているすべての時間が伝道の時間です。言わば「生活圏伝道」です。いつでもどこでも誰とでも、信頼関係をつくるのです。それが、次の段階の一対一原理訓読や家庭教会へつながるのです。全食口が三六〇度開放された生活圏伝道に向かっていくならば、爆発的伝道が起こるでしょう。

第五章

み言《ことば》に学ぶ伝道の秘訣《ひけつ》

一、蕩減の基台を立てる

霊界から協助を受ける

真のお父様は最高の伝道師であり、伝道勝利者です。ですから、私たちが伝道師として勝利する近道は、お父様のみ言から伝道の姿勢を学んで相続し、実践することだと言えます。お父様のみ言を中心に伝道の秘訣《ひけつ》を学んでみましょう。

伝道は対象者個人だけが対象ではありません。その背後にいらっしゃる神様をはじめ、サタン、天使界、善霊、悪霊、先祖、万物といったすべてが伝道の対象圏です。

「神様に惚《ほ》れられる者になる」、「サタンを自然屈伏させる」、「先祖の過ちを蕩減する」、「霊界の協助を受ける」、「万物から讒訴《ざんそ》されない」、「カインから長子権を復帰する」など、伝道に関してさまざまな内容が語られてきましたが、それらはみな、**対象圏を感動させ、自然屈伏させることなのです。**

真のお父様は、私たちが先祖の過ちを蕩減して「個人的な蕩減の基台」を立てた上で、対象圏に対する蕩減条件を立てるのが原理原則である、と指導してくださいました。ですから、まず、私たちは霊界から協助を受けられる立場に立たなければなりません。伝道勝利の基本は霊肉界合同作戦なのです。

真のお父様は次のように語られています。

「伝道には何が一番重要かというと、霊的力が問題です。すなわち霊界がいかに協助するか、ということが重要になってきます。それが伝道実績に直接関係するのです」(『伝道ハンドブック・み言編　み言に学ぶ伝道の姿勢』一五ページ)

「伝道の効果を上げるためには、人々は個人的な蕩減の基台をもたなければならないという、霊的な法則があります。二人の人が同じ困難な状況に直面しても、一人は多くのことを達成できず、もう一人は容易に結果をもたらすことができます。その差は主に、成功した人の祖先は彼を協助する資格があるということから生じます」(『ファミリー』一九八四年六月号、六～七ページ)

私たちが霊界の協助を受けるに値する精誠を捧げなければ、どんなに強く願っても、伝道の効果を上げることはできません。

例えば、ミツバチと銀バエが飛んできたとします。ミツバチはどこに留まるでしょうか？　花です。銀バエは？　汚物に留まるでしょう。花は良い香りを漂わせてミツバチを引き寄せ、汚物は悪臭を放って銀バエを引き寄せるのです。それと同じように、私に善霊が協助するか悪霊が働くかは、自らが花のように美しい存在になっているか、汚物のような醜い存在になっているか、善悪どちらと相対基準を持っているかによって決まるのです。

神様と善霊から協助を受けられる自分なのか、胸に手を当てて考えてみてください。本心はよく知っています。サタンや悪霊から讒訴《ざんそ》を受けているようでは、伝道は実りません。神様と善霊が働く私になるには、心の姿勢と日々の信仰生活が重要なのです。

伝道に必要な五つのこと

それでは、私たちが霊界から善なる協助を受けるためには、個人的な蕩減の基台をどのように築いたらよいのでしょうか？

まず、神様を慰め解放したいという孝の心情から出発し、み旨に対する「主人意識」を持っ

て決意することが必要です。
私たちの宿命的な責任分担は神氏族メシヤですが、私はこれを果たしたいのか、それとも、言われるからやらなければならないと思っているだけなのか、はっきりさせなければなりません。神様の夢を自分の夢として「私が必ず果たす！」と、まず、心から誓うことが大切です。
二番目に、**絶対に対象者をサタンから解放するという「救いの心情」を持たなければなりません。**
その人の永遠の命のために切ない心情や焦燥感を抱いて、無私の立場で歩むのです。真のお父様は次のように語られています。
「救わなければなりません。おいておけば地獄に行くのです。サタンが引っ張っていくのです」（『伝道ハンドブック・み言編　み言に学ぶ伝道の姿勢』七〇ページ）
「道端を歩きながら、自分もたまらないで電柱を抱えて涙ぐむような路程が一日に何回もなければならないよ。そうなった場合には、伝道は天や先祖たちが応援してくれるよ」（同、一四二ページ）
そして三番目は、**何があっても屈することのない「強い意志」を持って歩むことです。**

二〇一四年九月二十三日に千葉市の幕張メッセで行われた「Global Youth Festival 2014」の、真のお母様の記念の辞（文善進《ムンソンヂン》様代読）に、「青年とは誰でしょうか？……七十歳でも、心の中に夢があり、夢を成し遂げようという情熱があり、世の中のどのような荒波の中でも、不義に立ち向かってその壁を乗り越え、その夢に向かって前進していく鋼鉄のような意志と実践力のある人こそ、正に青年です」とあります。

必ず夢を成し遂げるという「信念」、神様が勝利を準備されていることへの「確信」、絶対に諦めないという「情熱」を持つのです。サタンはあらゆる形で伝道を妨害してきますが、勝利は「これで終わりか」という最後の瞬間に決定されるのです。

四番目に、**何があっても愛し続けるという「愛の執念」を持つ**のです。

サタンとの闘いにおいて、神様の愛を信じて疑わず、愛し続けることに勝利した人は、自分に自信を持つことができます。そして、対象者の背後の先祖も、この人は自分の後孫を必ず生かしてくれると信頼し、間違いなく後孫を任せてくれるでしょう。

五番目に、**学び、まねようとする「謙虚な姿勢」です。**

真のお父様は「今でもいいものがあれば、それを倣《なら》って横取りして自分のものにしよう、と思っています。……多くの人々のいいところを、自分に早く引きつけて同化させる主体性を持ったとしたなら、そこに多くの人を指導し得る能力が生まれる」(同、一二一ページ)と語られています。

真のお父様が「先生は、牢屋にいる時は一言も話をしなくても多くの人々を伝道することができた。迫害の中で、全霊界が動員されて先生を守り、証《あか》しをし、多くの人々を先生のもとに導いてきた」(『伝道ハンドブック・み言編　み言に学ぶ伝道の姿勢』一四九ページ)と語られているように、伝道で言葉以上に必要なものは、神様も同情される悲惨な環境において、霊界の霊人が越えられなかった愛の基準で歩むことです。そうすれば霊界が自然屈伏して動員され、伝道が導かれるのです。伝道は正に霊肉界合同作戦なのです。

これまでに挙げた五つのことを心掛けて伝道に臨み、神様と霊界が感動する歩みを続けることが重要です。そのようにして個人的な蕩減の基台を立てることが伝道の秘訣です。

堕落性から来る生活習慣を変える

サタンは常に私たちを狙っています。人間は弱い存在であり、脇が甘いとすぐにサタンが忍び寄ってきます。どんなに精誠を尽くしても、一瞬の失敗によってすべてが崩れ去ってしまうこともあるのです。真のお父様が「天宙主管を願う前に自己主管を完成せよ」を目標にしてみ旨を歩まれたように、私たちも三大欲望（睡眠欲、食欲、性欲）を主管して、日々の生活を正さなければなりません。

これは、数年前に私が出会った印象深い言葉です。

「私はあなたの変わらぬ友である。私はあなたの最大の支援者、そして最大の重荷である。私はあなたの背中を押すこともあれば、失敗へと引きずり込むこともある。私は完全にあなたの思いのままである。

私はすべての偉大なる人物の召使いである。そして悲しいかな、すべての破綻者の召使いでもある。偉大なる人物は私のおかげで偉大になることができたのであり、破綻者は私のせいで破綻に追い込まれたのだ。

私を利用し、訓練し、毅然とした態度で接すれば、私は世界をあなたの足元にひざまずかせてみせよう。私をなおざりにすれば、私はあなたを破綻に追い込むだろう。私は何であろう」

この正体は何だと思いますか？　それは「習慣である」と書いてありました。

私たちは堕落性から来る習慣を変えていかなければなりません。私たちの人格は毎日の生活習慣によって形成されます。まず、明確な生活目標を立て、習慣を変える努力をしましょう。

伝道は「できる」と信じるだけでは進みません。たゆまぬ努力によって対象者一人一人を愛し、幸せにするのです。伝道の経験と実績を積んでこそ、「人はみ言によって救われる」という実感が持て、「伝道できる」という確信を持つことができるのです。地道にコツコツと、まず一人から伝道していきましょう。

二、一つになる

アベルとカインの一体化

真のお父様のみ言に「霊界が援助するような伝道をするにはどうするかというと、完全に一つになることです」（『伝道ハンドブック・み言編　み言に学ぶ伝道の姿勢』一五ページ）とあります。霊界が協助することのできる、アベルとカインの関係について考えてみましょう。

真のお父様は「霊界が援助するには、神様とイエス様が一つになったように、班長と班員が一つになれば間違いありません。……班長はそれを反省しながら、与えられた使命を絶対に果たす責任をもって、一つになること。そういうように内的結束を大切にしましょう」(同、一九ページ)と語られました。

アベルの立場で何よりも重要なことは、神様および真の父母様と一つとなり、絶対に使命を果たすという決意をすることです。そのうえで、カインと完全に一つになれば霊界が一〇〇パーセント協助するのです。

神様が取ることのできる条件

責任者(アベル)と食口《シック》(カイン)の一体化を阻む障害として、例えば、アベルの堕落性、互いの性格の違い、そして意見の相違などがあります。互いにみ旨を愛し一生懸命取り組んでいるのに、責任者と食口の意見が合わないということが起きるのです。この意見の相違という問題について考えてみます。

韓国の草創期の、劉孝元《ユヒョーウォン》先生と食口たちとのエピソードを紹介します。あることを進める際、AとBのどちらの方法が良いか、劉孝元先生と食口が相談しました。食口たちはどう考えてもBが良いと思って劉孝元先生と多くの意見交換をしましたが、最終的に、劉孝元先生はAで押し切ったそうです。そして、その結果は良くありませんでした。

皆は「だから言ったじゃないか」と言って劉孝元先生を批判しました。その話が真のお父様まで届いたそうです。ところが、お父様は「それでも劉協会長が正しい」とおっしゃったというのです。なぜでしょうか？

AよりもBのほうがいいのに、中心者が認めない。だから自分でやって中心者に認めさせようという発想は、たとえ七の実績が上がっても、サタンが持っていくというのです。三の実績しかなかったとしても、神様が主管されることをすべきだというのです。

原理的な条件があれば、神様がさらに大きな恵みを与えてもサタンは讒訴《ざんそ》できません。神様がお取りになれる原理的な条件があれば、神様はその条件をもって摂理されるでしょう。**重要なことは、サタンが侵入することのできない基台をいかに立てるかなのです。**

堕落の血統を受け継いだ私たちにとって、「堕落性を脱ぐ」ことは簡単ではありません。アベル・カインの関係を通して、堕落性を脱ぐための闘いも起こります。特に、伝道においてそれが起こりやすいのです。闘いが生じることは悪いことではありません。それは歴史的な蕩減を懸けた闘いなので、すべてに意味があります。伝道においては、アベルとカインがその立場に置かれたことを感謝し、互いの立場を尊重しながら一つになったときに、神様の愛が流れ、新しい生命として霊の子が誕生するのです。アベルとカインの愛の秩序が立ったとき、伝道は実るようになっているのです。

アベルの姿勢

アベル・カインの関係は兄弟です。前後関係であって、上下関係ではありません。アベルには、カインの心を自然屈伏させる使命があります。信仰生活の中で、どんなにひどい環境や理不尽な立場に置かれたとしても、人を批判するところからは何の解決も発展もありません。自分がアベルとして主人意識を持ち、対処していくのです。

特に、私たちは神氏族メシヤの称号を頂いた者ですから、生活のあらゆる場面で、**氏族の真の父母、真の師、真の主人になれるように努力**しなければなりません。

アベル（弟）はカイン（兄）を共に連れて行ってこそ、神様の元に帰ることができます。私たちは父母の心情、僕《しもべ》の体で、内的には自己否定、外的には自己犠牲の姿勢を貫き、真の愛をもって、対象圏に働きかけるのです。そうしてこそ、相手の心は動くのです。「あなたのような真実な人に出会ったことがない」と感動するのです。心が動けば、体も万物もついてくるようになっているのです。

天の願われるアベル・カインの関係が拡大されれば、神霊と真理に満ちあふれた教会が築かれていくでしょう。**食口に会えば慕わしくて涙が出るほど、強く結ばれた兄弟姉妹がいる教会、新しい食口を切ない気持ちで待ちわびる、温かく思いやりのある教会**ができたなら、限りなく発展するに違いありません。爆発的伝道の鍵は、「兄弟姉妹が一つになった教会文化」を、いかに築くことができるかに懸かっています。

このように、「一つになる」ことが伝道勝利の鍵となるのです。

三、祈祷の重要性

二〇一四年、真のお母様は十六日間にわたってスイスの十二の山を登られながら、祈祷と天一国経典『真の父母経』を訓読する生活をなされました。それを通して神霊と真理を尋ねる精誠期間を過ごされたのです。私たちもお母様のお姿に学び、神霊と真理を求める深い祈祷とみ言の訓読を中心とした信仰生活を送らなければなりません。

伝道勝利の鍵となる祈祷について考えてみましょう。

祈祷といえば、まず思い出すのは、姜賢實《カンヒョンシル》先生の証しです。一九五二年五月十日、韓国・釜山《プサン》のポムネッコルで真のお父様に初めてお会いした姜賢實先生は、そのときのお父様の祈祷について次のように証しています。

「先生がお祈りをなさいましたが、私はこのとき、大変感銘を受けました。

私は、一日三、四時間、大統領から一国民に至るまで、すべてが肉身の病や霊魂の病から救われるように、多くの時間を費やして一生懸命祈っていました。しかし、この日の先生のお祈りの言葉と比べてみると、私の祈りの言葉はみな、『してくださいませ』という願い事ばかりで、ほかにはなかったのです。

ところが、先生のお祈りはみな、『してさしあげます』という神様への誓いと慰めの言葉だったのです」

このような祈祷の姿勢で歩む者こそ、神様のみ旨を進める孝行息子、娘の模範と言えるでしょう。

祈祷はサタンと闘う「祈闘」

伝道の勝利は、祈祷の勝利に懸かっていると言っても過言ではありません。概して、多く祈る人には精気があり、祈らない人は無気力です。祈る人は、常に新鮮な気持ちを持って、どんなものにも打ち勝とうとするオーラにあふれています。

ところで、祈祷には必ず困難が伴います。例えば、私たちは祈祷を始めた瞬間、やらなければならないことを山のように思い出し、「祈っている暇はない」と、祈祷をやめてしまうことがあります。そのようにサタンが邪魔をするのです。ですから、**祈祷はサタンの妨害と**

闘う「祈闘」なのです。その闘いを忍耐して克服した者のみ、祈祷の楽しさを味わうことができます。その体験を通して、多くの困難を伴う祈祷にこそ価値がある、と感じるようになります。

祈祷しても何も恩恵を得られないと感じるとき、失望という試練が忍び寄ってきます。熱心に祈っているのに結果が出ず、逆に、祈っていないように見える人に実績が与えられると、期待を込めて祈った熱い思いが静かに冷めていくのです。そして、ついには祈り続けることをやめてしまうのです。

また逆に、実績が与えられたときにも試練があります。実績に対する捉え方を誤ると、心霊が下がってしまうのです。〝勝利する人〟と〝勝利し続ける人〟の違いは何でしょうか？それは謙虚さです。常に栄光を天に捧げ、勝利の背後で神様のために苦労している兄弟姉妹を探して尊ぶ、謙虚な姿勢が必要なのです。

サタンは最低（恩恵を感じられない時）と最高（栄光を受ける時）の極致で、私たちを狙ってきます。神様は親なので、乗り越えられない試練はお与えになりません。ですから、私たちを見守られる親なる神様の愛を信じて、試練を越えていくのです。

祈祷の勝利の最大の秘訣は、祈りを実践することです。祈りたくないという思いを克服して、祈祷する時間を積極的につくっていきましょう。

祈祷によって動機を正す

私たちは祈祷を通して、神様との心情関係を回復するのです。ですから、祈りのない信仰生活はありえません。「嫌々やる」という心情にとどまっていたら、やがてみ旨を歩む喜びも力も得られなくなってしまいます。「親のためにやってあげたい!」という実子の心情を育んでいくことが大切です。

神様と真の父母様の願いに応えたいという思いが、み旨に向かう最大の力となります。常に祈祷によって動機を正さなければなりません。「神様と真の父母様のために」という動機によって、み旨を力強く継続できるようになります。天と真の父母様の夢を、私の夢とするのです。

真のお父様は、「イエスや偉大な聖人たちも、祈りがなければ偉大なことはできなかったのです。祈りによる力、衝撃が歴史をつくったのです」（『ファミリー』一九七九年六・七月〈合併〉号二四ページ）と語られています。私たちが歴史的なみ旨に臨むとき、動機を正し深めるために、祈祷生活は不可欠です。

祈祷の中で神様と交わり、霊的重生を受けます。神様の召命を確認し、天の愛に満たされます。み旨に対する信念と確信と情熱を持って、自分が絶対にみ旨を果たす、という主人意識を持って歩みましょう。

涙を伴う切実な祈祷と行動

真のお父様は伝道の心構えについて、次のように語られました。

「実際、私たちは先に祈って、後で行動しますが、本当は祈りと行動とは一緒なのです。祈りながら行動するのです」（同、二二一ページ）

「一時間伝道しようとすれば三時間は祈りなさい！　人を訪ねていく前に涙を流さなければならない。涙を流す人は神様が共に働いてくださる」（『祝福家庭と理想天国（Ⅰ）』三三九ページ）

「私は私の厚い衣類がびしょ濡《ぬ》れになるぐらい神に談判し激しく祈りました。このようなことは何度もありました。そうしたことがなければ私と皆さんとは何ら違いがありません」（『伝道ハンドブック・み言編　み言に学ぶ伝道の姿勢』二〇七ページ）

このように、真のお父様は涙を伴う切実な祈祷の必要性を訴えられました。また、祈祷の力に関して、次のように語られました。

「伝道者として皆さんは人々のために涙で祈るぐらいの深い関心を持たなければなりません。皆さんは自分をそのようにさせるために努力しなければなりません。……

皆さんが祈る時、自分の中から深い感動が湧き上がることなく、寒さを感じるようなことがありませんか？　もし皆さんがそのような状態にあるとしたら、皆さんは蜜を吸う蜂を引き付けることのできない花のようなものです。

人々は神があなた方と共にいるということを感じる時に、人々は彼らの人生があなた方の人生とかかわりを持つことを願って、あなた方のもとに集まるでしょう」（同、二〇七〜二〇八ページ）

「あなたたち一人を中心として命懸けで三時間ずつ一年を通して祈ると、その人が何をやっ

ているかを見通すことができますよ。……夜通し祈れば、朝必ず来る。そういう力がありますよ」（同、一四一ページ）

尽きることなく湧き上がる泉

私たちは祈りの世界を開拓して、霊的波動を感じ取る心門を探し出さなければなりません。それは温泉の源泉を探すボーリングのようなものです。何度も失敗を重ねながら霊的な涙腺を探すのです。自分に合う場所や時間帯、方法など、さまざまに試してみましょう。心情の涙腺に触れた瞬間、ボーリングで源泉を探り当てた時のように、涙がバッとあふれてくるのです。

「あなたを満たすために絶えずわき上がる小さな泉をもつことは、水源のない大きな貯水池をもつことよりも優れたことです。そのような貯水池は、すぐになくなってしまうでしょう。しかし小さな泉は、あなたがどんなにたくさん使おうと、わき続けることでしょう。祈りによってあなたはいつも満たされることができます」（同、二一一ページ）

聖地で祈るのがふさわしいのですが、私は信仰生活を始めた頃、近くの山の上で見つけた岩を、自分の「涙石」（韓国・釜山の聖地）と定めて、その場で何度も祈祷に挑戦しました。神霊的な世界を感じて歩むことが大切です。皆さんが尽きることなく湧き上がる泉を持つならば、この道を最後まで迷うことなく歩む力が得られ、祈祷は実践した分だけ、自分の財産になるのです。天と真の父母様の心情に通じる心門を発見していきましょう。

そして**涙の祈祷こそ、信仰生活を続ける最大の力になる**のです。その基台の上に霊界の協助を受けて伝道が始まります。

四、訓読生活と霊界動員

訓読を通して霊界が連結される

一九九七年十月十三日、南米のウルグアイにおいて、真のお父様は正式に「訓読会」と命名され、その意味を次のように説明されました。

「訓読会の『訓』は、『言偏《ごんべん》』に『川』です。川の水が流れるのと同じです。水は動けば動くほど、それが水蒸気になり、万宇宙に緑地帯をつくり、すべての動物が生きていける栄養素を供給します。……『読』は『言偏』に『売る』という字です。売らなければなりません。……どんどん拡張しなさいという意味があります」（『御言訓読と霊界動員』一二一―一二三ページ）

み言は、真のお父様が血と汗と涙の蕩減路程を、生死の境を越えて勝利した上で、私たちを生かすために与えてくださったものです。

お父様は「先生がサタン世界と闘って勝利した戦勝的記録の発表が、訓読会で朗読する文章である」（同、一二六ページ）と語られました。私たちがみ言を訓読すると、神様と人類のために闘ってこられたお父様の心情に通じて、思わずむせび泣くことがあります。そのとき、天と共にいる立場に立つのです。

どんなに立派な人でも、自分の力だけでは、天国に入ることはできません。真の父母様とそのみ言に従って生活し実践してこそ、天国に行くことができるのです。真のお父様は、「訓読時間は熱心にしてください。そこに福の糸が掛かっています。黄金の道が掛かっているのです」（二〇一〇年二月二十八日）と語られました。**命の根源であるみ言と一つになってこそ、**

神様に似た、真の父母様の代身者として生まれ変わることができます。ですから、訓読の時間は最も貴い時間と言えるのです。

真のお父様は、ご自身が霊界に行っても、み言が響く所には、ご自分が現れる、霊界全体が協助すると語られました。お父様が訓読会を毎日訪ねられ、霊界も協助するようになるというのです。なぜでしょうか? お父様はみ言を伝えるときの心境を次のように語られました。

「皆さんになぜ『訓読会をしなさい』と言うのでしょうか。このみ言を伝えながら、『死』を考えていたのです。『私が死ぬ前にみ言を残さなければならない。み旨を成し遂げることができなければ、み言だけでも残してから死ななければならない』と考えながら、深刻な立場でみ言を語ったのです」(『御言訓読と霊界動員』三〇ページ)

真のお父様はいつも、未来において私たちが訓読する姿を思い描きながらみ言を語られ、残してくださいました。ですから、み言を通じてお父様の心情と一つになったとき、お父様を協助していた霊界が私たちに連結されるのです。その霊界は私たちを再創造し、人類を救い、神様のみ旨を成し遂げるために協助するのです。

そして訓読を繰り返せば、霊界の先祖たちが私たちと共に教育を受けるので、訓読の回数に比例して霊界の基盤が築かれるようになります。そのようにして霊的協助圏がつくられていくのです。

み言を実践して生活化

「み言の目的は実体であり、実体の目的は心情である」（『祝福家庭と理想天国（Ⅰ）』二六六ページ）

訓読の目的は、私たちが神様に似た者となり、真の愛の実践を通して天一国の主人になることです。

毎朝み言を訓読しながら、私がきょうなすべきことを探します。その場で心に残ったみ言は、真のお父様が私に与えてくださったみ言なのです。「このようにしなければならない」と悟ったことは、天から私たちに与えられた責任分担になるのです。そのひらめきを生活圏で必ず実践するのです。そうすることで、本来人間に願われた「み言による自己創造、環境創造」をなすことができます。そのようにして、み言の実体になることができるのです。どのような悟りも実践しなければ意味がありません。

ある有名な原理講師の先輩がいます。韓国の先生が日本の責任者たちに『原理講論』の重要性について説明したとき、「『原理』のこの内容はどこに書いてあるか分かる者、手を挙げてみなさい」と聞いたそうです。そのとき、その先輩だけが「何ページの何行目です」と答えたといいます。その先輩は『原理講論』を何度も熟読し、一字一句検証しながら、分からないところがないように研究し尽くした上で、原理講義案を作っていたのです。

私は信仰生活を始めた頃、初めてその先輩に会ったときに、「み言は神業の基」とサインしていただきました。それが原理学習のきっかけとなり、その後さまざまな講師の講義を受けては、自らの原理講義案を作り直したのです。

『原理講論』のみ言の土台の上に、真の父母様のみ言を理解し生活化してこそ、人は生まれ変わるのです。正しく「原理」は神様の心情を教える真理です。神様はこの真理の力によって役事《やくじ》され、霊界が動員されるのです。人は、そのような人に磁石のように引き付けられてくるのです。

親子で過ごす訓読の時間

祝福家庭が世の中で最も輝いていることを見せるのです。神様を中心として三代が祝福を受け、毎朝一緒に訓読し、ために生き合って喜ぶ家庭を見れば、氏族は感動し、屈伏することでしょう。そして、その感動が地域、国家、世界へと拡大していくことによって、実体的な天一国が築かれていくのです。

南米ジャルジンで行われた「世界平和と理想家庭のための四十日修練会」に参加したとき、真のお父様は、「木から学びなさい。木の根っこは見えないが力がある。見えないところに力がある。後孫の根っことなりなさい。ここに来た目的は訓読会。氏族に伝統をつくりなさい」（一九九八年十一月四日）と語られました。

私は訓読会という言葉を聞くと、いつもこのみ言を思い出すと同時に、ジャルジンの庭にあった大きな木が目に浮かび、真の父母様と過ごした懐かしい日々を思い出すのです。私と同じように懐かしいジャルジンを思い浮かべる方も多いのではないでしょうか？　天地人真の父母様と同時代に生きて、同じ時間と空間を共有した経験と記憶は、私たちの宝であり財産です。

私たちが夫婦、親子で訓読する場も同じです。そこは伝統を相続する場であり、その時間は、子供の心に永遠の宝物として残るでしょう。伝統を残すためには、何度も繰り返して精誠を尽くし、訓読しなければなりません。

霊の親子も同じです。一対一原理訓読伝道は、伝道方法の一つではなく、単なる知識の伝達手段でもありません。真のお父様が五十年前から指導してくださった、本来の伝道の在り方そのものです。対象者と一対一で『原理講論』を訓読し、「み言で人を育てる」という伝統を立てるのです。み言によって魂が生かされる場です。そこでは、霊の親と霊の子が互いを尊重し合い、深い交わりを持ちます。そのひとときは、霊の親子の心情関係が築かれ、永遠に思い出に残る、光り輝く時間となるのです。

五、心がけるべき生活習慣

笑顔、挨拶、親切

真のお父様は、「伝道は情緒が先立って万人を引っ張ることのできる心情的な磁石とならねばならない。常に心情的な引力をいかに補充していくかを考えなさい」（『祝福家庭と理想天国（Ⅰ）』三三二ページ）と語られています。人を引き付ける魅力を持つためには、自らが神様を迎え、喜びと希望にあふれた人になる必要があります。

私は、朴普熙《パクボーヒ》先生（三十六家庭）に初めてお会いしたとき、「『原理』は難しいとよく人から言われるのですが、簡単に説明する方法はないでしょうか？」とお聞きしました。

朴普熙先生は、「『原理講論』を一分で説明してあげよう」とおっしゃり、簡潔に説明してくださいました。

「創造原理は、神と霊界の存在がハッキリするから、**絶対正直に生きること**。堕落論は、サタンと罪の存在をハッキリと知り、**絶対純潔に生きること**。復帰原理は、人間が元の状態に戻っていく方法を教えているが、それが**絶対奉仕**である。絶対奉仕とは、人に対してまず**『笑顔』**、そして**『挨拶』**、次に**『親切』**である」

私はこの説明がとても心に残り、それ以降、「直接伝道とは直接ためにに生きることです。

ためにに生きる最初の実践は笑顔です」と指導してきました。

真のお父様は、「人の一生における生活がどのようなものであるかといえば、食べて、寝て、行って、来ること……この四つです。……その一生はだれのためですか？　自分のためではいけません。神様のためです」（『ファミリー』一九九八年五月号、一八ページ）と語られました。

私たちは、日々、行ったり来たりしながら生活していますが、神様を中心として、まず笑顔、そして挨拶、次に親切に目の前の人のために生きることが大切なのです。これが人として生きることの道理であり、最もシンプルな伝道の秘訣です。私たちは生活の中で、それらを自然にできるようになることが願われているのです。

まず、**笑顔**です。顔には、内面にある、喜び、希望、誇り、愛情といったものが霊的な輝きを持って笑みとして表れるのです。それは身なり以上に人の印象に残ります。どのような環境でも誠実で、真実な人、そして余裕のある笑顔の人に、人は引き寄せられてきます。それが心情的な磁石となるのです。

次は、**挨拶**です。真のお父様は、愛の絶対主体となって働きかけてこそ相手は応じてくれる、だから喜びと希望の心で挨拶をすることが大切だと指導されました。喜びや希望にあふれた挨拶は、対象者の心を神様の愛で満たすことでしょう。その人との出会いを永遠なものとするためにも、最初の瞬間が重要なのです。

そして、**親切**です。真のお父様は次のように語られています。

「いかに真心を込めてやるか、やるには強制的にしたり、嫌々やるんじゃない。自分が自ら慕いつつ、そうしてその言葉についてくるかという、それが問題である。そういうようにするには……味のある人間だね。四方八方どこにも必要な人間です。お婆《ばあ》さんにも、お爺《じい》さんにも、あるいは壮年たちにも、若者たちにも、子供にまで必要な……その行動とかいろいろの動きに対して、自分に関心をもたざるを得ない環境をつくるんだね」(『伝道ハンドブック・み言編　み言に学ぶ伝道の姿勢』六二―六三ページ)

自分に関心を持ってもらえるまで、真心を尽くして人に親切にするのです。

信頼され必要とされる人に

真のお父様は南米ジャルジンで、真の愛について、「**関心を持つ**」、「**責任を持つ**」、「**理解しようとする**」、「**尊敬する**」、最後に「**先に与える**」と、五つの言葉で説明してくださいました。

対象者の言動や心に関心を持ち、責任を持って接するのです。そして相手のことを理解しようと、共感して、よく聞くのです。常に相手を尊び、価値のある存在として見つめ、その人の事情を自分のことのように受け止めるのです。そのために、笑顔、挨拶、親切は欠くことはできません。

人と接するとき、その人が私に無関心であったり、話を無責任に聞いていたり、誤解し、無視し、対話を絶ってしまったりすれば、どんなに気持ちが悪いでしょうか。

真の愛を持って人と接していけば、自然に味のある人になるのです。そうなれば、相手が私に関心を持たざるをえなくなります。信頼され、必要とされるようになります。

人はうれしいとき、その喜びを一緒に分かち合ってくれる人に伝えたくなります。悲しいときは、その悲しみを共に背負おうとしてくれる人が一緒にいてほしいと願うものです。

本来、親とはそういう存在だと思います。その親の位置と心情を復帰することが伝道の醍《だい》醐《ご》味《み》なのです。多田聰夫《としお》・家庭教育局家庭教育部長が、よく「子育てはいつまでするのでしょうか？　それは真の親になるまで、です」と語っていますが、正に伝道も、育てることを通して真の霊の親になるまで続けるのです。

真のお父様がされた生活指導

真のお父様は、次のように具体的に生活指導をしてくださっています。

「毎日の生活できのうはいくら気持ちの悪いことがあっても、惨めなことがあっても、次の朝起きる時は、必ず笑いながら起きるのです。これは宗教生活には欠かせない行為です。それが習慣になれば、自然といい顔立ちになってきます。……鏡を見ながら訓練するのです」

「一日三回、朝と昼と夕の食事の時に笑って、朝起きる時も笑う、そのような生活が習慣になれば、その人の顔を見れば自然と深い考え、喜びあふれる印象が残るようになります。

寝る時もそうです。その日にどんなつらいことがあっても、寝る時には笑いながら、神様いい夢を見せてください、と望みつつ床に就くと必ず夢を見せてくれます。次の日になすべきことを夢の中で教えてくれるのです。そういう喜びの生活をしていけば、神様は喜ぶ人を喜ぶし、万物を喜ぶ人を喜ぶので、その人は必ず良い方向に向かっていきます。それが原理の観点です」

「今からでも始めましょう。朝起きて笑う。花が咲き、香りを吹きかけるようにしながら。家庭でもお父さん、お母さんであれば、子供たちにとって、それは教育に一番いいことです。仕事で人に会う時もそうです。いい印象を与えるのです。伝道しているのに、渋い顔をしていてはできませんよ。何か内心から素晴らしいことがあふれるような円満な顔をして、今に希望をもって、未来に希望をもって伝道するのです」

「自分の中に逆らうものがあれば、それはサタンの好む要素だ。サタンの餌よ、さようなら。そういう生活をしましょう。……きょうは頑張ったけど、少し様子がおかしくて、基準が下がったとしたなら、あすは一歩でも上げるようにするのです。毎日の生活の中で自分の心情の安定基準を平均化させないと、それが少しでも傾いた場合には、全体に影響してしまいます。しかしその傾いたり下がったりした基準を自分ながら整備し、反省し、あすのために祈るようにしてマイナスを迎えていったならば、発展していくのです」（以上、同一九―二一ページ）

六、自己主管と心と体の統一

伝道の勝敗を決する大きな要因として、自己主管できるかどうかが挙げられます。自己主管してこそ、自らに神様を迎え、霊界の協助を受けることができるのです。信仰生活における自己主管と心と体の統一について、ポイントをまとめてみます。

『原理講論』には、「信仰生活は、自身を供え物の立場に立てておいて、善と悪に分立させ、神が喜ばれるいけにえの供え物としてささげる生活である。ゆえに、我々が常に、神のみ旨を中心として、自身を善と悪に分立させないときには、そこにサタンの侵入できる条件が成立するのである」（三三八―三三九ページ）とあります。

正しい信仰生活を習慣化することによって、サタンに侵入されないようにすることができるのです。しかし、神のみ旨を中心に自身を善と悪に分立し、神様と一体となった心に体を従わせるというのは、簡単ではありません。

聖パウロも、「わたしは、内なる人としては神の律法を喜んでいるが、わたしの肢体には別の律法があって、わたしの心の法則に対して戦いをいどみ、そして、肢体に存在する罪の法則の中に、わたしをとりこにしているのを見る。わたしは、なんというみじめな人間なのだろう」（ローマ人への手紙七章22—24節）と慨嘆しています。

私たちの本心は、常に自分を監視し、悪いことをしようとすると、「やってはだめだ！」と警鐘を鳴らします。それにもかかわらず、体は悪のほうに引っ張られていく、弱い存在なのです。サタンは私たちの弱さを熟知しており、常に狙いを定めています。

眠りと食欲と情欲

そのような私たちに対して、真のお父様は次のように指導されました。

「自己主管は、肉身（体）を中心とした自分の命を、徹底して否定していく生活です。このような自己否定の自己主管においての三大困難（三大怨讐《おんしゅう》）は、眠りと空腹と情欲です」（『宇

宙主管を願う前に自己主管完成せよ』六―七ページ）

まず、**眠りの主管**です。自らに願われた責任を果たそうとするなら、寝る時間さえ惜しいものです。神様の事情を考え、眠りたいという思いを克服して、精誠を捧げるのです。また、眠りを主管することは、摂理的な時をつかむ訓練でもあります。摂理的運命を決定する瞬間を逃さないことによって、天運をつかみ、神様の役事を受けられるようになるのです。

次に、**食欲の主管**です。おなかがすいても、み旨を果たそうとする切ない心で、そのことを忘れて歩むのです。目の前に楽な道と苦労の道の二つがあれば、大部分の人が楽な道を選択するでしょう。しかし、私たちの本心は、蕩減のために苦労の道を行くべきときがあることを知っているのです。

最後に、最大の難関である**情欲の主管**です。『原理講論』の総序に「人間の努力をもってしては、いかんともなし得ない社会悪が一つある。それは、淫乱の弊害である。……現代人が陥っていくこの淪落への道を防ぐことができずにいるということは、何よりもまた嘆かわしい実情といわなければなるまい」（一七ページ）とあるように、人類は絶えずこの課題で苦しんできました。

信仰生活において、情の問題は本当に恐ろしいものです。たった一度の過ちで、それまで積み上げてきた精誠は一瞬にして崩れてしまいます。

真のお父様は、誤った方向に流れる情はすべて否定するように指導されました。

「情緒的な面、愛の問題をどのようにコントロールするかということです。それが今まで、体が支配することに対する宗教世界の重要なブレーキというものです。それゆえ、自分を全的に否定せよというのです。否定。これは、なぜそうすべきなのか？　堕落したためです」（『宇宙主管を願う前に自己主管完成せよ』九―一〇ページ）

天使界を自然屈伏させる

そのような自己主管の上で、**環境主管**、**時間主管**、**肉体主管**をします。環境主管とは、身の回りの整理整頓です。時間主管は、限られた時間を工夫して上手に使いこなすことです。また、約束の時間を守ることも大切です。時間にルーズな人は伝道対象者からも信頼されないでしょう。

私たちは毎日、「忙しい、忙しい」と言いながら、重要度と緊急度の高い事柄をこなすことに追われています。しかし、重要でありながら、緊急ではないと感じるものにこそ目を向けてみるべきではないでしょうか。例えば、家族や氏族との交流などです。時間をうまく使うことで、人生を豊かに過ごすことができるようになります。

肉体主管は、健康管理です。真のお母様も、それについて語られています。自分の体は自分で守る以外にありません。「健全なる精神は健全なる身体に宿る」と言われますが、これは、衣食住の主管や、公金問題を含む万物主管全般に通じるのです。

私たちは天使界から讒訴《ざんそ》されないようにしなければなりません。ヤコブが歩んだサタン屈伏の典型路程について、『原理講論』には「天使に対する主管性を復帰する試練を越えるようにして、アベルの立場を確立させ、彼を家庭復帰完成者として立てられるため……」（三四四ページ）と書かれています。私たちも神氏族メシヤとして立つためには、天使界を自然屈伏させなければなりません。

私たちは知らないうちに、サタンに心と体をコントロールされています。ですから、サタンを分立し、神様のみに主管されるアベルの立場を確立しなければならないのです。

心と体の統一

それでは、その立場をどのようにして確立できるのでしょうか。人間は堕落によって心と体が闘うようになりました。み旨における最大の課題は、心と体の統一です。真のお父様は「心と体の戦いは、大東亜戦争よりもっと危急であり、核戦争よりももっと恐ろしい戦争です」（『宇宙主管を願う前に自己主管完成せよ』一一六ページ）と語られています。心身の統一は、生涯を懸けて取り組むべき課題なのです。

真の父母様は、心と体を一つにする方法は二つしかないと教えてくださいました。一つは、体を心よりも弱くすることです。その方法としては、断食祈祷や水垢離《ごり》など、体を打つことが挙げられます。もう一つは、心を体以上に強くすることです。その方法は、祈祷やみ言の訓読などの精誠を捧げることです。

心と体の統一は愛によってなされます。愛を中心として心と体が一つになれば、神様が臨在されます。真の愛による犠牲を捧げ奉仕するとき、喜びが湧き上がってくるのを発見します。そのとき、神様が私と共にいらっしゃる喜びを感じるのです。また、精誠を込めて祈る中で、天の真の愛の心情を感じて涙があふれ、心身一体の境地を体験することもあるのです。

天一国時代の伝道は、神氏族メシヤ活動を通して「神の国と神の義」（マタイによる福音書六章33節）を探していかなければなりません。自らの心と体が闘っているようでは、個人の幸福も、家庭の平安や国家、世界の平和も、実現できないでしょう。また心と体が闘ったままで、どんなに立派なことを言っても、「おまえはどうなのだ」と、本心から警告を受けたり、霊界から讒訴《ざんそ》されたりしてしまいます。これでは伝道は実りません。

自己主管を心掛け、堕落性から来る習慣性を毎日チェックしながらサタンを分立し、神様と善霊の協助を受けられるようにしましょう。

七、蕩減条件

神様の復帰摂理は再創造の道です。再創造ですから、創造原理と同じように、人間が責任分担を果たしてこそ、その目的を実現することができます。神様のもとに人を復帰し再創造していく伝道も、責任分担として蕩減条件を立てる生活をすることによって勝利する道が開かれるのです。条件がなければ、神様も、私たちを所有することはできません。真のお父様が指導してくださった「蕩減条件」について考えてみます。

「蕩減」は美しい言葉

真のお父様は、「蕩減」は美しい言葉であると語られました。皆さんは蕩減が美しいと感じますか？　「本当にそうなの？」と疑問に思う人も多いのではないでしょうか。一方、そのみ言どおりだと感じる人は、蕩減の深い意味を悟り、み旨の妙味を味わったことがある人に違いありません。

私が信仰の初期に、ある先輩から聞いた話です。

「真のお父様が若き日に朝霧の中で精誠を込めて祈祷をされていた。その霧は一枚の葉の表面をいっぱいに濡《ぬ》らし、やがて一粒の滴《しずく》を結んだ。その滴は葉からピタンと落ち、流れて一個の石にぶつかった。滴はあたかも石に吸い込まれるかのように石の下を濡らした。

それが何度も繰り返され、水滴は石の下いっぱいに湛《たた》えられた。最後の一滴が葉から落ちて石にぶつかった瞬間、石の下の水は表面張力を破ってタラッと流れた。同時に、石もコロッと動いた。真のお父様はこの瞬間をごらんになり、霧が石をも動かすことを通して、『**蕩滅には有限性がある**』と悟られたのです」

真のお父様は、第二次世界大戦後のキリスト教および民主世界の失敗を蕩滅復帰するため、四十年荒野路程を歩まれ、勝利して、一九八五年八月十六日に「一勝日」を宣布されました。お父様はその路程を、「過ぎてみればすべて愛であった」と振り返られたといいます。お父様が示してくださったように、どんなに困難に見える蕩滅復帰の道も、私たちが精誠を投入し続け、蕩滅条件が満ちれば必ず開かれるのです。

伝道も同じです。まだ霊の子が立っていないという人は、往々にして蕩滅条件が満ちる瞬間を迎える前に諦めてしまっているのです。「**忍苦の絶頂を越えて天に尽くす精誠は、必ず祝福の実を結ぶ**」と信じるのです。決して諦めてはいけません。勝利は最後の瞬間にもたらされます。そこに、蕩滅復帰の醍醐味《だいごみ》があるのです。

伝道において、正しい立場で迫害を受ければ蕩滅条件になりますが、サタンの讒訴《ざんそ》条件が少しでも残っていると、勝利したように見えても、後で必ずサタンが奪っていきます。ですから、どんなに難しい立場にあっても、真の愛を持って精誠を尽くし続けるのです。

責任を果たせなければ蕩減が伴う

お父様は蕩減条件について、「蕩減条件というのは何か。供え物となれというんですね。……蕩減条件を早く立たせるには、いわゆる正義に立って悪にぶつかる。……悪なる環境が大なれば大なるほど、自分にとって蕩減条件の期間は短縮する」（『伝道ハンドブック・み言編み言に学ぶ伝道の姿勢』六九ページ）と説明されています。

蕩減復帰原理が素晴らしいのは、精誠によって期間を短くできることです。迫害が大きいほど期間を短縮することができるのです。自分なりに期間を決めて、「精誠を尽くしたのに、何も変化がない」と嘆いても意味がありません。期間は、相手が「もう十分です。参りました」と自然屈伏するまで、です。ところが、**定められた期間に責任を果たせなければ、天の祝福は流れてしまいます。**

アメリカの二百年の歴史を蕩滅し、統一教会がその使命と責任を相続するために、一九七六年からの二十年間がありました。そのとき真のお父様は、「あなた方に今も苦労させるのは、すまないと思っています。しかし今のすまないことよりも、その時になってすまない立場になった場合を考えると、それが恐ろしいのです」と語られながら、食口を鼓舞し、摂理を進められたのです。

真のお母様も、「責任を果たせなければ蕩滅が伴うようになります」と語られています。真のお母様は、「蕩滅復帰摂理歴史は、一言で言って悲惨なものでした」と語られました。私たちが受けた恵みの背後には、真のご家庭の犠牲があったのです。私たち子女の不足や失敗をすべて赦《ゆる》し、代わりに蕩滅を背負ってこられたのが真の父母様です。私たちも、神氏族メシヤとして、氏族の蕩滅に責任を持つ覚悟をしなければなりません。

真の父母が天宙史上、一度しか現れないように、神氏族メシヤも、神の血統を受けた第一先祖として、真の父母様と共に生きた私たちにしか与えられない称号なのです。

八、蕩減の原則と伝道

先祖の功罪の上に立つ私たち

蕩減の原則と伝道について、真のお父様のみ言から考えてみたいと思います。

「もしも君たちが一瞬間にやろうと決意するなら、そこには、まず第一に自分自身を中心とした蕩減条件が必要である。伝道するには、自分自身の先祖から受け継いできたあらゆる罪の現象が残っているが、これをみんなきれいに蕩減しなければならない」(『伝道ハンドブック・み言編　み言に学ぶ伝道の姿勢』六八ページ)

私たちが伝道するとき、先祖の過ちを蕩減するのです。

「皆さんは善なる先祖たちがいて、その先祖たちの功績によって先生に出会ったのです。皆さん自身が先生に会いたくて会ったのではなく、皆さんが優れていて会ったのではありません」(『人の生涯』六七ページ)

「あの世のすべての先祖が皆さんの生き方をすべて見ています。……皆さん自身一人一人が正しくできるか、できないかによって、霊界に行った皆さんの先祖も解放でき、皆さんの親戚も解放でき、皆さんの子孫は解放の選民として策定されるのです」（『人間の生と霊魂の世界』二九三ページ）

私たちは、先祖の功績と罪の上に立っているのです。この道に召命されたことをはじめ、物事がうまく導かれることは、先祖の功績のゆえであり、苦痛や困難を受けるのは、先祖の罪や恨《ハン》霊の讒訴《ざんそ》によることが多いのです。

私たちの心情の状態が一定しないのは、私たちが善なる先祖と悪なる先祖の結実体であるからです。**私たちは信仰を重ねながら、先祖の一人一人を復帰していくのです。**そうして、先祖が復帰されてくると、心情は徐々に安定し、彼らから影響を受けてきた肉身の健康状態さえも良くなってくるのです。

「霊人たちは霊界で地上人の協助を受けるために、いろいろな方法を動員して地上の子孫を訪ねてきますが、地上の子孫が解決する方法を知らないために、……困難が繰り返されます。地上人の助けによって昇進する霊人たちは、現在の自己の位置からもっと良い位置に移っ

ていくことで自らの生活が楽になり、地上にいる子孫の生活もまた平和になるのです」（同、二九八ページ）

先祖を、それまでの霊界の位置よりもっと高い位置へ導くこと、復活させることは、信仰生活の醍醐味《だいごみ》と言えるでしょう。

真のお父様は、苦労する立場に置かれたときの心の姿勢を、次のように指導されています。「自分が苦労の道にいるときは泣いたり騒いだりするな。生きておられる神様は話を伝えなくとも、私が置かれている立場をあまりにもよくご存じだからである。それなのに私がまた涙したりして悲しく祈れば、神様はより悲しむ。二重の十字架を背負うようになるだろう。神様は今日まで、より大きな歴史的な悲しみと苦痛を知ってくれる者もなく、一人で受けてこられた。その父をまず慰めなさい。このような者は神様が抱えて痛哭《つうこく》なさるだろう」（『祝福家庭と理想天国（I）』二〇一ページ）

真の父母様の代身として歩む私たちも、歴史的な蕩減の道を行くのです。そこでは困難を伴うことも多くありますが、すべてを感謝して受け止め、「真の父母様、私の先祖の過ちに対する蕩減をお受けします。今後、こういったことがないようにしてください」と祈れば、子孫に蕩減として残されることはないのです。

また、天に対して不平を言えば、天を悲しませることになってしまうので、決して言ってはいけません。人の知らないところで精誠を尽くして祈り、感謝し、喜んで生活することが大切です。

伝道は天の最大の赦《ゆる》し

蕩減という観点から見ると、**伝道は、私たちが先祖と自分自身の蕩減条件を立てると同時に、対象圏の救いの道を開くこと**と言えます。

「自分自身の蕩減条件と、それから環境に対して、その環境を救うためには、四人であれば四人に比例した条件的な蕩減を自分が立たせてやらないと、その環境は崩れてこない。それは原理原則なんです。こういう二つの蕩減条件をいかにしてやるか、いかにして決めるか、それを完成することができるか。自分一人では絶対できない。だから、その環境を求めていくのが伝道師である。……

だから（善なる）問題を大きく起こすほど、蕩減条件を起こす方法としては有益である。……蕩減条件というのは何か。供え物となれというんですね。……蕩減条件を早く立たせるには、いわゆる正義に立って悪にぶつかる。その方法を使う。悪なる環境が大なれば大なるほど、自分にとって蕩減条件の期間は短縮する」（『伝道ハンドブック・み言編　み言に学ぶ伝道の姿勢』六八―六九ページ）

善なる立場に立って迫害を受けた場合、その迫害の大きさと迫害を受ける期間が、ある一定量を超えたときに蕩減条件が満ち、環境が整ってきます。それが、伝道が実っていく蕩減の原則なのです。

対象者のために蕩減条件を立てる

真のお父様は、「善い祖先を持った人を伝道すれば、自分の祖先の功労がなくても善なる祖先を持った人の祖先の功労が自分に連結される」（『祝福家庭と理想天国（Ⅰ）』一三三八ページ）と語られました。

史吉子《サキルチャ》先生（三十六家庭）は、先祖の功労と伝道について、真のお父様が語られた内容を、次のように証されています。

「先祖の功労の大きさの順番は忠、孝、烈、そして宗教を信じる人です。伝道は先祖の功労の闘いであり、値引きがありません。

先祖は霊界での位置を上げたいのです。絶対に下がりたくありません。もし、霊の親の先祖の功労が、伝道対象者の先祖の功労よりも低ければ、対象者が伝道されるときに、その先祖の功労を霊の親の先祖に分けてあげなければなりません。先祖としては、子孫が伝道されてほしいけれど、功労は絶対にあげたくないので、『行くな。おまえが行けば、おまえを伝道した人の先祖の借りを、私たちが代わりに返さなければならない』と言うのです。

そのため霊の親は、自らの先祖が地上でできなかったことをすべて返すくらいに精誠を尽くし、対象者が持っている功労を超えた瞬間に、伝道されるようになるのです」

伝道は霊肉界合同作戦です。私たちは**対象者を導くために**、**対象者に代わって蕩滅条件を立て、功労を積む**のです。

「信仰の子女が直系の子女に腹中から完全に侍《はべ》るときに蕩滅復帰は完全に終わって、サタンは我々の家庭から血統的に完全に切れてしまう」（同、三四五ページ）とあるように、サタンの血統が完全に切れた立場で、伝道を通して復帰した真の愛によって子供たちを育て、幸福な家庭を築いていけば、氏族はその姿に感動して導かれることでしょう。さらには、社会、国家をも動かすことができるでしょう。

第六章　伝道の方策

一、私の行くべき神氏族メシヤの道

信仰の最終定着地は血縁のある地

私は信仰の初期に、次のようなみ言《ことば》に触れました。

「皆さんの生きている目的は何でしょうか。それは絶対的な自由と解放を受けられるように愛を実践することです。……愛の力以外に何物も宇宙を一つにすることはできません。その愛の訓練場が統一教会です。……皆さんは私とお母様を親のように愛しています。……宇宙の憲法にある最も大切な縦的な関係を実践しているのです。それを愛すると、皆さんは天国に入ります。私たちは親、兄弟そして姉妹を愛することにより天国を切り開いています。そのことが、私たちがこの統一教会でしていることなのです。

神は、皆さんが神以上に皆さんの親、兄弟、姉妹を愛することを願っています。同じように、お母様と私は、私たち以上に皆さんの兄弟姉妹を愛するよう願っています」（『ファミリー』

（一九七九年十二月号、二三ページ）

このように、天が私たちを召命された目的は、自分の親、兄弟姉妹を愛することです。さらには先祖、祖父母、氏族を愛して復帰し、彼らが祝福を受け、故郷に神様が共に住まわれる天国を実現するのです。すなわち、私たちの信仰の最終定着地は自身の血縁がある地、故郷なのです。

真のお父様は、天一国は神氏族メシヤを完成してこそ実現されると強調されました。氏族を中心に真の愛の文化を拡大して国家に影響を与えることが、私たちが神氏族メシヤとして託された使命なのです。

真の父母様は人類歴史に一度しか現れません。真の父母様と共に生きる私たちは、祝福を受けて神氏族メシヤの称号が与えられ、正に氏族の第一先祖の立場に立ったのです。これは奇跡中の奇跡です。しかし、この称号は恵みにも審判にもなりうるのです。

サタン屈伏の典型路程としてヤコブ路程を学びました。私たちはヤコブのように、やがては還故郷するということを、もっと早く悟るべきでした。還故郷して神氏族メシヤの勝利の基台を立ててこそ、真の父母様のすべての勝利圏を相続し、神様のみ旨を成就することができるのです。

それでは、真のお父様はなぜ最初からそのようにおっしゃらなかったのでしょうか？　それは、真の父母様の伝統を相続するため、私たちがサタンとの関係を断ち切って、いったんは、すべてを捧げて献身的に歩むしかなかったからです。

私一人を立てるために、家族や氏族、友人も、多くの犠牲を払い、蕩減条件を立ててきているはずです。ですから、私たちは自分の先祖、祖父母、親、兄弟姉妹、氏族、友人を必ず復帰して祝福し、救わなければならないのです。

一九九四年一月二日、真のお父様は韓国・漢南《ハンナム》国際研修院（当時）において氏族伝道を強調し、「他の者を伝道しないで、自分の親戚を伝道するのです」と語られたことさえあるのです。

霊の子を三人立てる

『原理講論』の緒論にあるように、本来、私たちは長成期完成級の基準まで復帰した土台の上で、メシヤを迎えなければなりません。サタンを分立し、信仰基台と実体基台を立てなければならないのです。それは、堕落前のアダムの位置を蕩滅復帰することです。

アダムには三人の天使長がいました。天使長は本来、命を懸けてアダムを愛し、喜んで侍《はべ》るべきでした。その天使長に該当するのが霊の子女です。私たちは父母の心情、僕《しもべ》の体で霊の子に尽くして、善の天使長の基準を立てることのできる三人を育てるのです。最低三人の霊の子を立てなければならないのです。

真のお父様は、私たちがイエス様の立てられた基準を超えることを願われ、次のように語られました。

「家庭基準をつくるには、イエス様を中心として四位基台、そして、聖霊を中心として四位基台をつくらなければならない。それがアダム家庭で失った八人家族である。それを蕩滅しなければならない。……だから天において、家庭の蕩滅条件を完全に超えたという基準に立つには、八人の家庭でなくてはならない。だからあなたたちは三人以上伝道しなければならない。三人伝道したといっても、それは天国に入る一方でしかない。だから十二人。

霊界には十二の真珠門があるだろう。地上には十二弟子、それが七十人くらいにならないと氏族にならない。そして、氏族を中心として一二〇人、一二〇人は十二の十倍である。十倍というのは、家庭を中心として民族、国家、世界へ出発する。

あなたたちも本当に天の前に神様の子供となり、イエス様以上にならなければならないんだよ。イエス様は、長成基準をやったんだから、あなたたちは完成基準を目指してやるんだよ」（『伝道ハンドブック・み言編　み言に学ぶ伝道の姿勢』一〇五ページ）

「家庭において、信仰の三人の息子、娘を立てて、腹の中にいる息子たちから整頓していかなければなりません。腹の中にいる子供よ、早く誕生するようにと言える、そのような信仰の息子と娘をもたなければなりません。そうしなければ完全蕩滅にはならないのです」（同、一〇六ページ）

私たちが、霊の子を三人伝道し、天の願われる基準にまで育ててから、祝福を受けて家庭を持っていたなら、サタンの讒訴《ざんそ》条件のない立場で家庭を出発することができたのです。

今まで私たちが何の基盤もないのに祝福を受けることができたのは、真の父母様が直接責任を持ってくださったからです。

お父様のみ言どおりに実践する

真のお父様は、**「君たちの家族を伝道せよ。早く伝道しなければならない」**（同、一一五ページ）と語られ、私たちが家族、氏族、地域を伝道することを切に願われました。しかし、お父様ご自身は、蕩滅復帰のゆえに氏族伝道をなさることができず、深い恨《ハン》を抱いておられたのです。

真のお父様は、「霊界に行って、何だ、こんな素晴らしい所に来られるのに、愛するお父さんや、お母さんをなぜほっておいて地獄に行かせたのだと讒訴《ざんそ》されるよ」（同、一二二ページ）、「親より以上の愛情をもって親の前に立つ息子、娘とならなければならない。愛は必ず勝つ」（同、一一五ページ）と激励し、**「十日に一度ずつ自分の親、兄弟に手紙を出しなさい。君たちが社会に向けて活動する三分の一の努力があったなら氏族伝道は可能である」**（同、一二二ページ）と、具体的な方法まで指導してくださいました。

私もかつて、十日に一度の手紙を父親に送り続けました。五年間、電話に一度も出てくれなかった父親は、私が祝福を受けた後、「あのときはしんどかった。子供から手紙が届いて、応えてあげなければならない立場なのに、返事を送れないことがどれほどしんどかったか」とポロッとこぼしたのです。

真のお父様のみ言は、お父様自らがすべて実践し、サタンに勝利されてから宣布したものです。ですから、ただ純粋にみ言どおり実践することが勝利の秘訣なのです。

私は伝道最前線時代に『伝道ハンドブック・み言編　み言に学ぶ伝道の姿勢』を学び実践しました。是非これを読み、悟り、祈り、み言をそのごとくコツコツと実践し、神氏族メシヤ勝利への道を一歩ずつ前進してください。

二、み言を実践する生涯伝道

伝道の方策について具体的にまとめてみます。

「伝道するにはまず祈れ！　今まで我々は自分の本当に愛する父母たちに伝道する期間がなかった。しかし今は、天のほうから伝道するには自分の血統関係の人を伝道せよというんだね。その中から一番信仰的な人たち、さもなくば、同級生などの生涯の友人、我々命を懸けても救うべき友達を十二名選べ。選んで一二〇日間、彼らのために祈れ！
一時間伝道するんだったら三倍祈って訪問して伝道せよ。十二人の名前を書いて、そして祈りながら毎日訪問して伝道する。そうすると相当の影響がある」（『伝道ハンドブック・み言編　み言に学ぶ伝道の姿勢』四五ページ）

私は信仰の初期にこのみ言に触れ、三十数年間、この内容を実践してきました。伝道で結果を残している人は、ここまでするのかと驚くほど、対象者のことを把握しているものです。霊の子が十二人以上いる私の友人は、霊の血統が八代で百人を超えます。彼はその霊の血統図を整理し、いつも霊の血統に対して関心を持っているのです。

私は、対象者をそのようにケアしている兄弟姉妹から学び、まねて、相続しながら、自分流に工夫して「伝道ノート」を作ってきました。

これまで述べてきたように、伝道に向かう動機を祈祷によって正し、対象者のために蕩減条件を立て、愛と執念を持って精誠を尽くすことが大切です。それらを土台として、「伝道ノート」を活用して具体的な実践を継続していくのです。

「伝道ノート」の作成

参考として、私が行っている「伝道ノート」の活用法について紹介します。（章末に参考資料を掲載）

①夫婦の氏族図を作成する

②アベル氏族（血統的氏族）の情報を記入する

名前、生年月日、住所、電話番号、メールアドレスなど、分かっていることを記録し、常に氏族に関心を持って情報を収集し更新します。対象者を夫婦単位、家族単位で記録するとよいでしょう。

③カイン氏族（友人・知人）の情報を記入する

小学校の同窓生から、きょう出会った人まで、伝道対象者となる人の名前を書きます。特に、学校で同じクラスになった人は、天が私を通して復帰しようとされている対象者だと考え、クラス名簿から全員の名前を書き出しましょう。誕生日、記念日などは三百六十五日の一覧表にするのもお勧めです。交流する中で、結婚記念日や命日なども分かれば、そのつど書き足します。

パソコンで情報を管理すればいいという意見もあるかと思いますが、手書きの伝道ノートならではの良さがあります。まず、**記入すればするほど愛着が湧くようになります**。また、祈祷したり手紙を書いたりするときにも、パソコンのように立ち上げる必要がありません。さっと開いて、知ったこと、思いついたことを記入することができます。一年を通して見たり、名簿を見たりするのにも一覧性が高く、便利です。

「伝道ノート」をもとに具体的に実践

この「伝道ノート」を使った伝道の方法を具体的に見てみましょう。

①名簿の中から十二人を選ぶ

アベル氏族とカイン氏族のそれぞれから、「この人を伝道したい」、「この人のことが気になる」、「私が導く宿命を感じる」など、心に浮かぶ人を十二人リストアップします。

②祈る

リストアップした人を対象にして、毎日、朝の祈祷の中で祈ります。時間がなければ、名前を声に出すだけでもかまいません。ある期間、精誠を尽くしても伝道が難しい場合には、名簿を入れ替えてもよいと思います。

自分の両親や相対者、子供のことも忘れずに祈らなければなりません。実は私自身、カイン圏の伝道ばかりを意識し、家族が祈る対象に入っていなかったことに気付き、ハッとした体験があるのです。特に今は、「一番近くにいる人こそ私の伝道対象者である」というように、意識を転換しなければなりません。

そして伝道するには、対象者に実際に会って働き掛ける必要があります。その時に備え、対象者の心霊状態、教育の進展状況などを的確に把握しておきます。次に会う機会を最大のチャンスにするため、対象者に何をしてあげればよいのかを祈り求めるのです。

そして、祈りの中で与えられたことを記入しておきます。

③手紙やはがきを送る

遠距離にいる氏族や対象者に対しては、真のお父様が十日に一度手紙を書くよう指導されたように、手紙やはがきを送るアプローチが必要でしょう。心を込めて長い手紙を書くことも時には必要ですが、**対象者が何度も見たくなるような、ほのぼのとしたはがきが効果的です。**絵手紙を描ける人は、ぜひ対象者に描いてみてください。自分の特技を対象者のために精一杯披露してみましょう。伝道は、ちょっとした特技を通して相手を感動させ、自分に関心を持ってもらうところから始まるものです。

現在はメールの時代ですが、だからこそ、手書きや手作りの便りはより味わいが感じられ、対象者と深い絆を築くことができるに違いありません。文書伝道で四十三人を導いた**堀江愛士さんの『奇跡と感動の文書伝道』**や、『トゥデイズ・ワールド ジャパン』二〇一四年六月十日号で紹介された**太田博久・恵子さん夫妻（六〇〇〇双）**の「家庭新聞」の証しを参考にして、ぜひ実践してみましょう。

④家系図を活用する

家系図の作成は氏族の関心を集め、心を一つにします。氏族圏と交流していくきっかけとなり、長子権を復帰する一つの方法にもなります。氏族が集まる法事などに参加したとき、その場で家系図を開いて見せると、共通のルーツを持った氏族は興味を持ち、話が弾むようになります。そしてその時、記念写真を撮っておきます。

後日、氏族から新しく聞いた情報をもとに家系図を更新し、記念写真と一緒に氏族に送ります。すると、先祖や家系図に関心のある親戚からお礼の返事が来たり、家系図の修正点を教えてくれる親戚が現れたりします。そのような交流を通して、氏族の誰もが認める、先祖や家系のことを知る第一人者になるのです。

⑤氏族集会を開催する

誕生会、いとこ会など、氏族が気軽に集える場をつくります。氏族同士の交流が深まるように、夫婦、親子でよく相談しながら、さまざまな工夫を凝らします。私は二〇一五年の正月に、父の傘寿の祝いを開催しました。私たちが真の父母様のご聖誕日に侍るように、私の兄弟の家庭が父に侍り、心に残るとてもうれしい一日となりました。

和動会、祝勝会、証《あか》し会など、教会には心情交流を深める場が多くあります。それを氏族圏、因縁圏にまで広めていけばよいのではないでしょうか。私たちは既にそのような文化を持っているのです。

伝道を勝利するための生活習慣

第六章で、「偉大なる人物は、私のおかげで偉大になることができ、破綻者は、私のせいで破綻に追い込まれたのだ。私とは習慣である！」という内容を紹介しました。私たちは「勝利するための生活習慣」を身に付けなければなりません。どんなに素晴らしい話を聞いても、具体的に実践しなければ意味がありません。

真のお父様は、「神様は生きておられます。そして神様は私たちと共に生きようとなされています。……だから私たちはどんなことでもできます」（『ファミリー』一九八五年五月号、四一ページ）と語られました。

伝道は、神様と真の父母様が私に働かれているという実感を持っていてこそなされます。また、結果が実るときは、善なる霊界の協助を感じる奇跡が起こるものです。

『原理講論』の復活論に、「復活は……サタンの主管圏内に落ちた立場から、復帰摂理によって神の直接主管圏内に復帰されていく、その過程的な現象を意味する」とありますが、善なる霊界の協助を受けるためには、堕落性を脱ぐために絶えず闘ってサタンを分立し、日々復活していることが大事です。

霊人体は生素と生力要素を得て成長します。毎日、訓読会でみ言に触れて、神様の愛（生素）を感じ、生力要素を受ける生活が必要です。

また、み言の訓読でひらめいたり悟ったりしたことを**「悟りノート」に書き留めることを習慣にする**とよいでしょう。それらを愛の実践として、すぐに積極的に行えば、生力要素が与えられます。

待っているだけでは、伝道は勝利できません。**夢の実現は日々の積み重ねの先にあります。勝敗はきょう一日の実践に懸かっています。**本当に成功しようと思ったならば、「**学んで、まねて、謙虚に相続する**」、「**継続して実践し続ける**」、そして「**一日でも早く始める**」ことです。

また、神氏族メシヤとして活動するエリアが明確になっていれば、その任地のためにまず祈りの精誠を捧げるのです。そして精誠を込めて、任地にある公園などを掃除することから始めるのもよいでしょう。やり始めてみれば、天はもっと面白く、わくわくする知恵を教えてくださるに違いありません。

神氏族メシヤ活動は生涯伝道です。コツコツとまめに実践し、氏族基盤を拡大していきましょう。

三、天一国の実現に向かって

真のお父様が二〇一二年に聖和《ソンファ》されました。人間始祖アダムとエバの堕落によって恨《ハン》を抱かれた神様の蕩滅復帰摂理を終結させ、神様を中心とした人類一家族世界を実現するために生涯を捧げられました。

天地人真の父母様は、人類のメシヤ、救世主であり、真の父母です。私たちは地上で生きている間に、勝利された真の父母様と出会い、同時代を過ごすことができました。それは天宙史上、後にも先にもない恵みです。私たちは神様の復帰摂理のクライマックスの目撃者、同参者になったと言えるでしょう。

真の父母様の願いは天一国の創建

真の父母様は、ご自身の家庭を祭物として犠牲にしながら、私たちを祝福してくださいました。ですから、私たち祝福家庭は、私たち自身が神様と真の父母様の限りなく貴い実績であり、結実であることを忘れてはなりません。真の父母様は、私たちの足りなさをご存じの上で、私たちを信じて、氏族の第一先祖として立ててくださったのです。

このように量り知れない愛と恩恵を受けてきた私たちは、生涯を懸けて、真の父母様の願いを果たしていかなければなりません。

真の父母様の願いは、神様の国、すなわち実体的な天一国を創建することです。真のお母様は、その準備のために「天一国の歌」を定め、「天一国憲法」を宣布し、「天一国経典」を整備されたのです。**お母様が天一国基元節以降に成されたことはすべて、真のお父様が何よりも願われた国（天一国）を立てるため**だったのです。真のお父様は韓国を神様の祖国と決定されました。神様の祖国光復は南北統一を実現してこそ成されます。

天一国の民は、私たちが神氏族メシヤとして四百三十家庭を伝道することによって立てるのです。真のお父様も、天一国創建は神氏族メシヤの基盤なくしては成されないとはっきりと語られました。

神様と霊界の協助を受ける基台

伝道は霊肉界合同作戦でなされます。もちろん韓国・清平《チョンピョン》で先祖の解怨、祝福を進めるべきことは言うまでもありません。それとともに、神様と霊界の協助を受けるための基台を造成することが必要なのです。

第一に、「天宙主管の前に自己主管完成」とあるように、**心と体を統一する個人の基台**が必要です。第二に、イエス様が「あなたがたのうちのふたりが、どんな願い事についても地上で心を合わせるなら、天にいますわたしの父はそれをかなえて下さるであろう」（マタイによる福音書一八章19節）と語られたように、**兄弟**（カイン・アベル）**や夫婦の一体化の基台**が必要です。

つまり、**神様が運行できるように、四位基台を造成することがポイントなのです。**

天一国時代は本物が求められるので、自らがみ言の実体になるため、み言を実践する習慣や伝統を確立しなければなりません。伝統は実体が重要です。毎日、朝の敬礼から始めて訓読会を行います。家族が共に集い、一人一人がその日に臨む動機をみ言で正し、気付いたり悟ったりしたことを生活の中で実践します。そのように精誠を尽くして神様と人を愛することによって人格を形成していくのです。

「正」という漢字は「一」に「止」と書きます。「一」は韓国語で「ハナ」で、「ハナニム」は神様です。生活が正されれば、神様が自分にとどまり、心霊が復活します。訓読や祈祷ができないような心霊状態のときは、部屋の整理整頓や掃除、洗濯など、ために生きることを、体を使って一生懸命実践してみると、心霊が引き上がっていくものです。

半径三メートルの円

まず身近な人、すなわち夫、妻、親、子供のことを意識して、具体的に愛を投入しましょう。愛し方はさまざまに工夫が必要なので、まずは天に祈ってみてください。そうすれば必要なことは天が教えてくださいます。

毎朝、笑顔で出発し、家族が一緒に訓読して互いにために生き合う幸福な三代圏を築いた私たちを、近所の人や親戚が批判するでしょうか。人は教会という組織以上に、そこに所属する人がどのように暮らしているかに関心があるのです。私たちの姿をうらやましく感じてもらえたときから伝道は始まるのです。

次に、**「自分から半径三メートルの円」**を意識してみましょう。例えば、その円に入ってきた人が暗い顔をしていれば、円の外に出る前に明るくしてあげるように努力します。それは、私が笑顔、挨拶、親切を心掛けていれば簡単にできることです。

真の愛のポイントは、相手に対して、**①関心を持つ、②責任を持つ、③理解する、④尊敬する、⑤先に与える、**ことです。これらをどのように実践しようかと、深く祈り求めていくならば、多くの悟りを得られるでしょう。

伝道は再創造であり、創造は投入することです。霊の親として、霊の子に犠牲と奉仕の精神で、その永遠の命を生かすために全力を投入しましょう。

そうすれば、夫や妻、子供に対しても同じように尽くすことができます。結局、恩恵は自分の家庭に連結されるのです。

伝道を通して体験する困難や喜びによって、イエス様や真の父母様の偉大さを知り、神様の心情に深く触れることができます。霊界に行けば、伝道によって多くの命を生かしたことが誇りになるのです。伝道は神様が最も喜ばれることだからです。

爆発的伝道の役事《やくじ》が起こる

私たちは今日まで、神様と真の父母様の勝利圏ゆえに、多くの奇跡や役事を体験してきましたが、**今こそ、爆発的伝道の役事が起こる時であり、また起こさなければならない時なのです。**

爆発的伝道は、伝道の手段や方法を変えればできるというものではありません。「一対一伝道」は単なる伝道の方法ではなく、神氏族メシヤを勝利に導く伝道哲学です。霊の親が霊の子の永遠の命に責任を持つのです。それは真のお父様が指導してこられた伝道の方法であり、伝道勝利の鍵なのです。

カイン圏が讒訴《ざんそ》することができないアベルの立場に立つためには、「生活の改善」が必要です。私たちがみ言の実体にならなければ、爆発的伝道は起こりえません。まず私の生活をチェックして改善し、私の家庭から変えていきましょう。

真のお父様は、「親を伝道する。自分の兄弟を伝道する。それで一つになって神に奉仕する。家族全体がそうなる。……そういう氏族になって、これに奉仕する。一体化して奉仕するくらいになれば、その氏族は全民族を動かす氏族になるでしょう」（同、一一五―一一六ページ）と語られました。

夫婦が一つになって親や子供を伝道する。氏族を伝道し、氏族全体が神様のみ旨に同参できるようにするのです。その際、**自らの課題を「原理」のみ言で克服した感動や喜びの体験、証しが、伝道する鍵になるに違いありません。**自らの体験を、自信を持って証していきましょう。

全人類が神様と真の父母様に侍る、実体的な天一国を、神氏族メシヤ活動を通して創建するのです。国がなければ伝統も定着できず、二世、三世の未来を守ることもできません。一日も早く、神氏族メシヤの実践プランを立て、神氏族メシヤ活動に出発しましょう。たとえ困難があったとしても、絶対に諦めないで、一歩一歩ゴールに向かって前進していきましょう。

天一国を実現する主人公は〝私〟なのです。

【参考資料】

「伝道ノート」作成のための参考資料です。
各自で工夫して使いやすいものを作ってください。

1. 伝道対象者

〈親族・氏族〉

鈴木　一郎	〒○○○ ○○市○○町○○○	電話：○○○-○○○○ アドレス
夫　一郎 妻　良美 長男　太郎 長女　花子	㊟○○年○○月○○日 ㊟○○年○○月○○日 ㊟○○年○○月○○日 ㊟○○年○○月○○日	㊔○○年○○月○○日 ○○中学２年 ○○小学校５年
山本　　茂	〒○○○ ○○市○○町○○○	電話：○○○-○○○○ アドレス
夫　茂 妻　愛子 長女　和子	㊟○○年○○月○○日 ㊟○○年○○月○○日 ㊟○○年○○月○○日	㊔○○年○○月○○日 ○○大学１年

夫婦単位、家族単位で作るとよいでしょう。

2. 祈祷名簿

祈祷する人の名簿を作りましょう。

〈親　族〉

関係	氏名	連絡先	誕生日、記念日、状況など
父	○○○○		
母	○○		
兄	○○		
叔父	○○○○		

〈知人・友人〉

関係	氏名	連絡先	誕生日、記念日、状況など
大学	○○○○		
高校	○○○○		
同僚	○○○○		

3. リスト表

友人・知人、因縁圏の人など分類したリスト表を作りましょう。

〈中学〉

氏　名	連絡先	状　況
○○○○	TEL ○○○ - ○○○○	同窓会で会う
○○○○	TEL ○○○ - ○○○○	暑中見舞い

〈高校〉

氏　名	連絡先	状　況
○○○○	TEL ○○○ - ○○○○	年賀状
○○○○	TEL ○○○ - ○○○○	○月○日　電話

伝道対象者になったら、伝道対象者の名簿に転記しましょう。

4. 年間一覧表

伝道対象者の誕生日、記念日などを年間一覧表に記入しておきましょう。

日＼月	1月	2月	3月
1	㊟ ○○○○		㊗ ○○○○
2			
3			
4	㊤ ○○○○		
5		㊍ ○○○○	
6			
7			(入会) ○○○○
8	㊨ ○○○○		
9			
10			

〈例〉

(誕) 誕生日　(結) 結婚記念日　(祝) 祝福記念日

(命) 命日　(出) 出会った日

5. 系図

〈鈴木・田中家〉

○○○○年○月○日作成

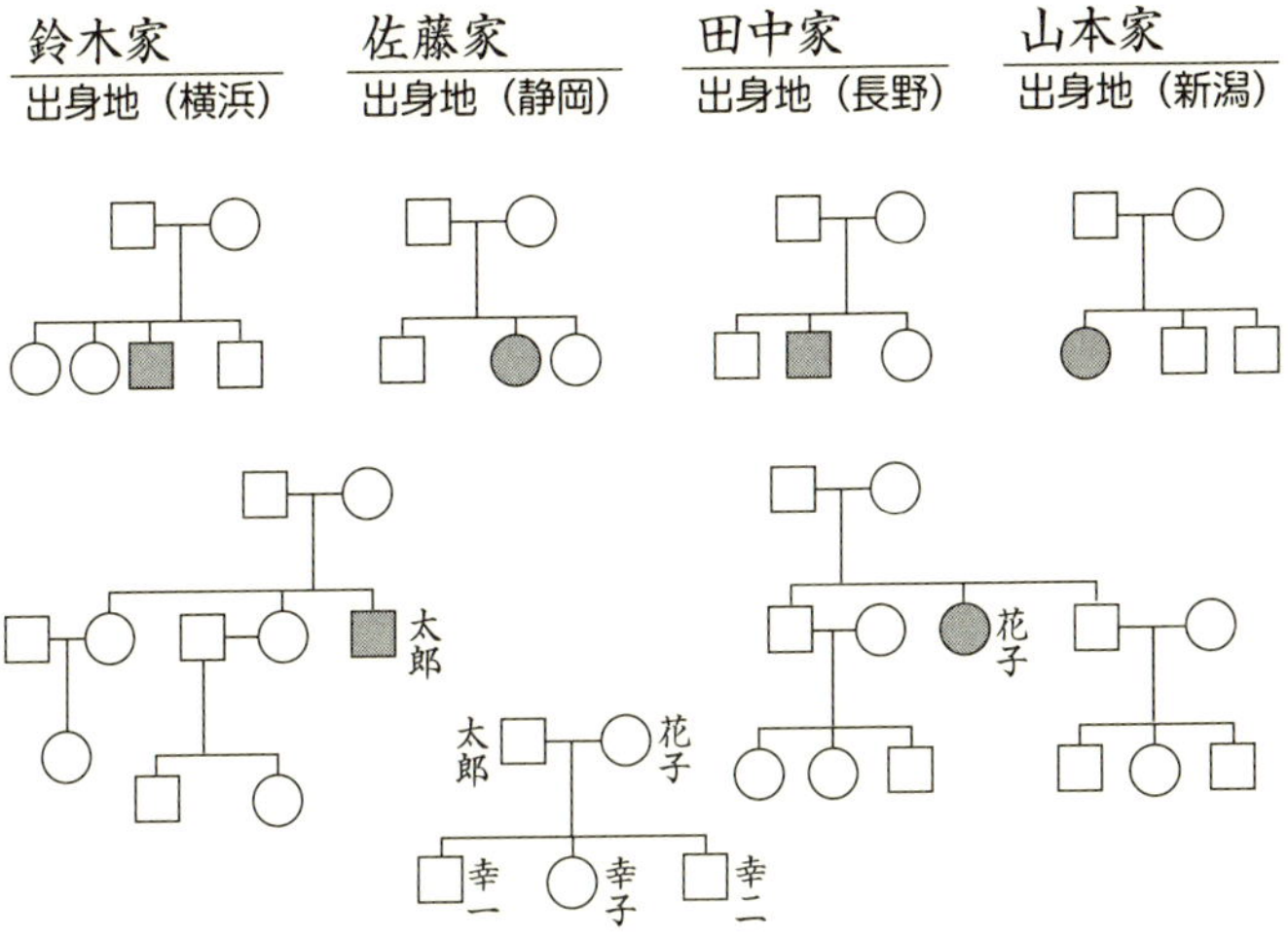

□ 男性　○ 女性　■● 本人

親族・氏族の関係を系図にしましょう。関係がよく分かり、意識しやすくなります。氏族圏と交流していくきっかけにもなります。

【著者紹介】
篠崎幸郎（しのざき ゆきお）
1962年、愛媛県生まれ。1980年、岡山理科大学理学部応用数学科に学ぶ。学生時代に統一原理に出会う。杉並教会教育部長、本部伝道局で壮年婦人の教育を担当。愛媛教区長、丸亀教会長などを歴任。
現在、伝道教育局伝道部長。6500双。

氏族伝道講座
喜びと幸せの生活伝道 み言の原点に立ち返る

2016年2月13日　初版発行

著者　篠崎幸郎
発行　株式会社 光言社
〒150-0042東京都渋谷区宇田川町37-18
電話 03-3467-3105（代表）
印刷　株式会社　ユニバーサル企画

ISBN978-4-87656-190-2